Fabian Lenk · Eine Falle für Alexander

TATORT
GESCHICHTE

Fabian Lenk

Eine Falle für Alexander

Illustrationen von Anne Wöstheinrich

Loewe

Bibliografische Information Der Deutschen Bibliothek
Die Deutsche Bibliothek verzeichnet diese Publikation
in der Deutschen Nationalbibliografie;
detaillierte bibliografische Daten sind im Internet
über http://dnb.ddb.de abrufbar.

Der Umwelt zuliebe ist dieses Buch
auf chlorfrei gebleichtem Papier gedruckt.

ISBN 3-7855-5384-6 – 1. Auflage 2005

Umschlagillustration: Anne Wöstheinrich
Umschlagfoto: The Art Archive/Archäologisches Museum Neapel/
Dagli Orti/Ausschnitt aus dem „Alexander Mosaik" (1. Jhdt. v. Chr.)
Umschlaggestaltung: Andreas Henze
Herstellung: Tina Timmerarens
Gesamtherstellung: GGP Media GmbH, Pößneck
Printed in Germany

www.loewe-verlag.de

Inhalt

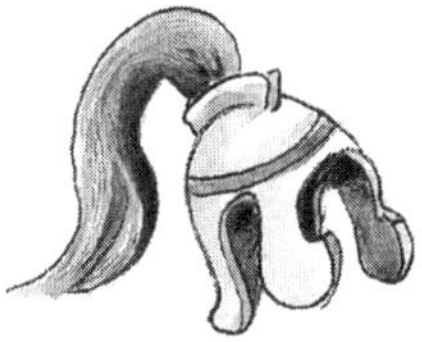

Das Auge

Der kleine Trupp kauerte auf einer Anhöhe, versteckt hinter dichten Sträuchern. In ihren einfachen Umhängen, den Chitons, sahen die Männer aus wie normale Bauern. Doch neben ihnen lagen griffbereit Pfeil und Bogen. Die Männer waren Söldner, und es war ihnen egal, wer sie bezahlte. Es interessierte sie nur, wie hoch der Sold war. Ihre Arbeit bestand meistens aus Verrat, Spionage oder Mord.

Diesmal waren sie im Auftrag von Perserkönig Darius unterwegs, und der bezahlte sie gut. Nach seiner Niederlage vor zehn Monaten bei Issos ließ der Perserkönig durch die Söldner jeden Schritt des gewaltigen Heeres von seinem Erzfeind, dem makedonischen König Alexander, beobachten.

„Sie werden leichtsinnig", meinte der hagere Anführer, den seine Männer ehrfurchtsvoll nur *das Auge* nannten, weil er ein besonders guter Spion war.

„Ja", stimmte ihm einer der anderen zu. „Sie ruhen sich aus, feiern und werden bald ..."

Mit einer ärgerlichen Handbewegung brachte ihn *das Auge* zum Schweigen. Der Spion hasste es, wenn man ihm nachplapperte. Er konzentrierte sich wieder darauf, das gewaltige Heereslager von Alexander dem Großen vor Tyros zu beobachten.

Nach sechs Monaten Belagerung war die reiche phönikische Hafenstadt in die Hände der Makedonen gefallen. Und jetzt, einige Tage nach der siegreichen Schlacht, ruhten Heer und Tross. 30 000 Fußsoldaten mochten es sein, schätzte *das Auge*. Hinzu kamen 5 000 Reiter und eine kaum zu überblickende Zahl von Knechten, Baumeistern, Technikern, Handwerkern, Beamten, Ärzten, Köchen, Schreibern, Sehern, Dichtern, Gauklern, Geschichtenerzählern, Sängern und Musikern. Manche hatten auch ihre ganzen Familien dabei. Etwas abseits erblickte *das Auge* die Kampfmaschinen: Belagerungstürme, Rammböcke und Katapulte. Alexanders Flotte, insgesamt 160 Schiffe, dümpelte im Mittelmeer.

Alexander war sein großer Feind. Doch *das Auge* fühlte keinen Hass, denn Gefühle waren fehl am Platze, wenn er diesem Gegner Schaden zufügen wollte. Und das würde er. Dafür wurde *das Auge* bezahlt. Er lachte in sich hinein. Hinter ihm kauerten die Söldner und warteten auf ein Signal von ihm.

Pferdegetrappel ließ *das Auge* aufhorchen. Er wandte sich um. Ein Reiter galoppierte heran und überbrachte ihm eine Botschaft. Der Anführer der Söldner öffnete

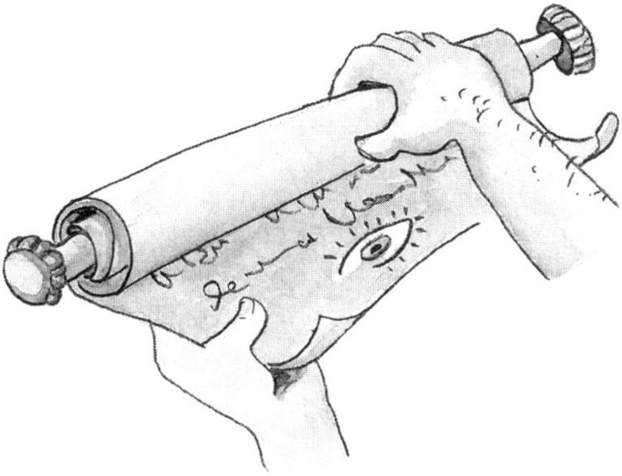

schnell die versiegelte Schriftrolle. Unten war ein Auge aufgezeichnet – ihr Erkennungszeichen. Der Text enthielt einen Hinweis auf ein geheimes Waffenlager in Tyros. Offenbar hatten Alexanders Männer es bisher übersehen. Von diesem Lager aus sollte der Widerstand gegen die Besatzungsmacht organisiert werden. Ein Versteck mitten in der besetzten Stadt – ein verwegener Plan, der *dem Auge* genau deshalb gefiel. Er nickte dem Boten zu, der seinem Pferd wieder die Sporen gab. *Das Auge* zerriss die Nachricht und überließ die Schnipsel dem heißen Augustwind. Nun blickte er erneut hinunter zu Alexanders Heer. Nur wenige Vorposten sicherten das Lager. Berittene Späher hatte *das Auge* heute noch gar nicht zu Gesicht bekommen.

„Ja, es stimmt", dachte er. „Sie werden leichtsinnig. Leichtsinnig und verwundbar. Zeit für einen kleinen Gruß." *Das Auge* hob die Hand. Einige seiner Männer knieten sich hin, zogen Pfeile aus den Köchern und spannten die Bogen.

Timokrates hielt den Stein ganz ruhig in seiner Hand und fixierte sein Ziel. Es war sein letzter Wurf, und der 13-Jährige musste treffen, wenn er nicht gegen seine jüngere Schwester Kallippe verlieren wollte. Die Geschwister spielten gerade ein Spiel, das derzeit bei den griechischen Jugendlichen sehr populär war. Mit sieben Steinen baute jeder eine Pyramide, mit dem achten versuchte man, den Bau des Gegners zum Einsturz zu bringen. Timokrates' Hand mit dem Stein wurde ganz ruhig. Der Junge nahm den Lärm in Alexanders Lager nicht mehr wahr. Dann warf er.

„Daneben!" Kallippe lachte. „Du schuldest mir einen Honigkeks!" Das drahtige Mädchen trug einen leichten, weißen Chiton. Ihr langes, pechschwarzes Haar war hinten hochgesteckt und unter einem Kredemnon verborgen, das ihren Kopf vor der Sonne schützte.

„Beim Zeus, ich war mir sicher, dass ich treffen würde", ärgerte sich Timokrates. „Aber beim nächsten Mal werde ich ..."

Ein Surren, gleich über seinem Kopf, ließ ihn verstummen. Timokrates sah, dass ein Pfeil knapp über ihm vorbeischoss und sich in das Bein eines Hopliten bohrte, der gerade an ihnen vorbeimarschiert war. Der Soldat schrie auf und brach zusammen. Geistesgegenwärtig warf sich Timokrates sofort auf seine Schwester, um sie zu schützen. Weitere Pfeile schlugen in ihrer unmittelbaren Nähe ein, verletzten aber weder sie noch andere.

„Alarm!", brüllte eine Stimme.

Vorsichtig hob Timokrates den Kopf. Um ihn herum brach ein Tumult aus.

„Wir brauchen einen Arzt, schnell! Wo ist Philippos?", gellte eine andere Stimme.

„He, lass mich raus, ich bekomme keine Luft mehr!", beschwerte sich Kallippe. Timokrates stand sofort auf und zog sie zum Zelt der Eltern. Dort kam ihnen ihr

Vater Philippos bereits entgegen. Er war ein begnadeter Mediziner, der an diesem Tag sogar zum Leibarzt von König Alexander befördert worden war.

„Was ist passiert?“, fragte der große, vollbärtige Mann.

Mit wenigen Worten informierten die Kinder ihn. Der Arzt holte schnell eine kleine Truhe, in der er seine medizinischen Instrumente, wie ein feines Messer, Spatel und Pinzette, verstaut hatte, und rannte zu dem verwundeten Hopliten. Timokrates und Kallippe folgten dem Vater.

Inzwischen war der Verletzte in ein Zelt gebracht worden. Philippos beugte sich über ihn. Der Pfeil war direkt hinter den Beinschienen in die Wade eingedrungen. Während der Arzt die Wunde untersuchte, holte Timokrates unter seinem Himation einen Lederbeutel heraus. Darin waren ein Stück Papyrus, ein Behälter mit Tinte und ein kleines Messer zum Spitzen der Schreibfeder. Außerdem war darin auch eine Feder, die aus gespaltenem Schilfrohr bestand. Dann schrieb er sich auf, wie sein Vater den Soldaten behandelte. Philippos war ein geduldiger Lehrer, der den Jungen an seinem Wissen teilhaben ließ. Und im Gegensatz zum Unterricht beim Kitharistes oder bei einem der Sophisten lauschte Timokrates den Worten seines Vaters mit großem Interesse. Denn er träumte davon, auch einmal ein guter Arzt zu werden – vielleicht sogar ein so berühmter wie Hippokrates.

Philippos zog den Pfeil aus der Wunde, säuberte diese und legte einen Verband mit Heilkräutern auf, der die Wunde schnell verschließen würde.

„Du hast Glück gehabt, Soldat", sagte der Arzt. „Es ist nur eine Fleischwunde. Deine Sehnen wurden nicht verletzt. Bring Asklepios ein Opfer dar. Er hat die Hand über dich gehalten, als dich der Pfeil traf. Und sei nicht zu geizig!" Philippos wusste, dass er es mit einem wohlhabenden Hopliten zu tun hatte. Der Mann trug einen wertvollen, maßgeschneiderten Brustharnisch aus Bronze, den sich nur die wenigsten leisten konnten.

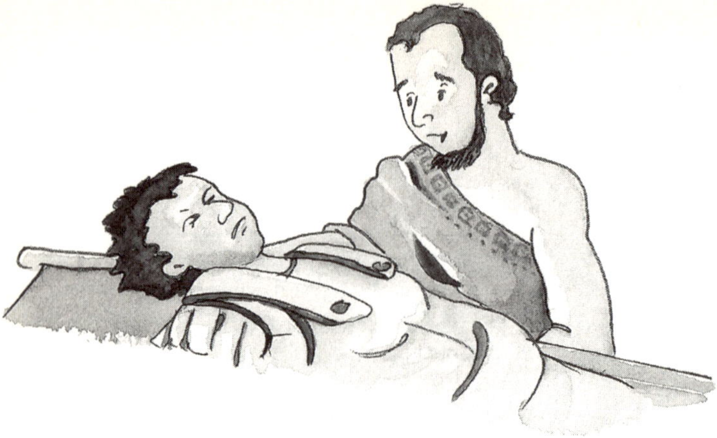

Der Hoplit nickte mit schmerzverzerrtem Gesicht. Dann wurde er weggetragen.

„Was glaubt ihr, wer hat uns angegriffen?“, wollte Kallippe wissen, als sie mit Vater und Bruder wieder zum Zelt der Familie zurückging.

Philippos deutete auf den Pfeil. „Sieht mir ganz nach Persern aus. Womöglich lauern sie auf den umliegenden Hügeln. Von dort haben sie einen guten Überblick. Wir müssen das Lager besser schützen. Aber vermutlich brechen wir ohnehin bald auf. Alexander kann es kaum erwarten, neue Gebiete zu erobern. Ich war heute Morgen noch einmal bei ihm, wegen seines verstauchten Knöchels. Der König kann dank meiner Behandlung schon wieder auftreten. Und nun ist er, vorsichtig ausgedrückt, etwas ungeduldig.“

„Wurdest du zu seinem Leibarzt befördert, weil du seinen Knöchel so gut behandelt hast?“, wollte Timokrates wissen.

„Ja, mein Junge."

„Was hast du gegen die Verstauchung getan?"

„Ich habe dem König Verbände mit Arnika und Aloe Vera angelegt. Beide Kräuter wirken entzündungshemmend", antwortete Philippos. Ein Lächeln huschte über sein angespanntes Gesicht. Es freute ihn, dass sein Sohn so wissbegierig war und alles aufschrieb.

In diesem Moment stürmte ein Trupp Reiter heran, angeführt von Koinos, einem erfahrenen Kämpfer, der mit Philippos befreundet war. Er galt als einer der furchtlosesten Männer im Heer und war deshalb der Mann für heikle Aufträge.

„Habt ihr gesehen, aus welcher Richtung der Angriff kam?", fragte der bärtige Koinos.

Er trug einen prächtigen Helm mit einem imposanten Busch darauf. An seinem Gürtel hing ein kurzes, zweischneidiges Schwert.

„Von dort“, rief Timokrates, bevor sein Vater etwas sagen konnte, und deutete auf einen Hügel hinter ihnen.

„Danke“, rief Koinos. Dann wandte er sich an seine Männer. „Mir nach!“

Die Reiter galoppierten davon und wurden bald von einer Staubwolke verschluckt. Kallippe blickte ihnen hinterher. Wie sehr beneidete sie die Männer, die der Gefahr entgegenritten! Am liebsten hätte sie sich auf den Rücken des nächstbesten Pferdes geschwungen und wäre ihnen gefolgt. Obwohl sie erst elf Jahre alt war, konnte Kallippe schon hervorragend reiten. Sie liebte auch alle anderen Arten von Sport, und die Paidotribes hatten ihre Freude an ihr, obwohl Mädchen eigentlich am Sportunterricht nicht teilnehmen durften. Doch Kallippes einflussreicher

Vater hatte für sie eine Sonderregelung durchsetzen können. Nur ihre Mutter Neaira hätte sich gewünscht, dass sich Kallippe mehr wie ein Mädchen verhalten würde.

Sobald die Reiter außer Sichtweite waren, machte Philippos seine Runde bei einigen anderen Patienten, die bei der erbitterten Schlacht um Tyros verletzt worden waren. Zu seiner Enttäuschung durfte Timokrates jetzt aber nicht mit. Verdrossen spielte er vor dem Zelt der Familie mit Kallippe noch ein paar Runden das Pyramidenspiel, hatte aber keine Chance gegen seine zielsichere Schwester. Unterdessen wurden die Wachposten rund um das Lager verstärkt und berittene Späher ausgesandt. Ein Anschlag dieser Art durfte sich nicht wiederholen.

Es dämmerte bereits, als Koinos mit seinen Männern zurückkehrte. Der Trupp ging sofort zu Alexander, um dem König Meldung zu machen. Danach lief Koinos zum Zelt von Philippos. Nicht nur er – auch Kallippe und Timokrates blickten ihn erwartungsvoll an.

„Die Bogenschützen konnten leider entkommen", berichtete Koinos verärgert. „Wir haben nur ihr Versteck auf der Kuppe eines Hügels gefunden. Und dort lagen ein paar Papyrusfetzen herum, mehr nicht." Er reckte die breiten Schultern. „Na ja, vielleicht sollten wir den Vorfall jetzt erst einmal vergessen und lieber deinen Aufstieg feiern, beim Dionysos!"

Philippos nickte. Er hatte versprochen, mit Koinos und ein paar anderen Freunden auf seine Beförderung zum Leibarzt anzustoßen.

Kallippe dagegen interessierte etwas ganz anderes. „Hast du die Schnipsel mitgenommen?"

Koinos sah sie irritiert an. „Ja. Aber was willst du damit?"

„Nur mal anschauen", erwiderte Kallippe.

Achselzuckend gab Koinos ihr die Papyrusfetzen. Und während die Männer ins Zelt gingen, legte Kallippe die Schnipsel nebeneinander auf den Boden.

„Was wird das?", wollte Timokrates wissen. „Ein neues Spiel?"

Konzentriert schob Kallippe die Papyrusfetzen hin und her. „Quatsch! Ich glaube nur, dass diese Schnipsel sehr wertvoll sind." Plötzlich klatschte Kallippe in die Hände. „Und jetzt glaube ich es nicht nur – ich weiß es!"

? *Was hat Kallippe entziffert?*

STIER
ZUM
WILDEN

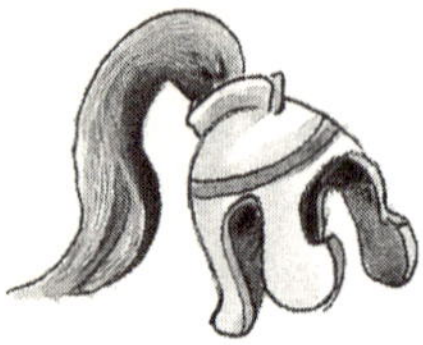

In letzter Minute

„Das ist ja nur der Name einer Schenke!", meinte Timokrates enttäuscht. „Warum macht sich jemand die Mühe, so eine Botschaft zu zerreißen?"

„Ist doch klar", erwiderte Kallippe. „Es handelt sich um einen geheimen Treffpunkt!" Nachdenklich steckte sie die Schnipsel ein. „Ob dieses Gasthaus in Tyros liegt? Das sollten wir überprüfen."

„Aber heute nicht mehr", entschied Timokrates. „Außerdem bin ich der Meinung, dass wir die Schnipsel lieber Koinos oder Vater zeigen sollten."

Doch seine Schwester winkte ab. „Das bringt nichts. Du hast doch gehört, was Koinos von den Papyrusfetzen hält – gar nichts!"

„Na gut, dann gehen wir morgen nach Tyros", seufzte Timokrates. Er wusste, dass es sinnlos war, sich mit Kallippe zu streiten. Wenn sie sich etwas in den Kopf gesetzt hatte, war es fast unmöglich, sie wieder davon abzubringen.

„Kallippe, Timokrates, kommt rein!", rief Neaira in diesem Moment. Ihre Kinder sollten ihr bei der Vorbereitung des Symposions helfen.

„Wir ehrbaren Frauen dürfen nicht mitfeiern, haben

aber die ganze Arbeit für die hohen Herren zu erledigen", schimpfte sie. Die schöne, schlanke Frau hatte schlechte Laune. „Erst kochen und dann wieder alles aufräumen. Denn dazu ist ja meistens keiner der Männer mehr in der Lage, wenn das Fest vorbei ist!"

Die Kinder halfen, Makrelen mit Lorbeer- und Thymianzweigen zuzubereiten. Als Vorspeise würde es Brot mit Ziegenkäse geben und als Nachtisch Granatäpfel, Feigen und Birnen.

Während Kallippe eine Makrele ausnahm und säuberte, kreisten ihre Gedanken um die geheimnisvolle

Botschaft. Was würden sie in der Gaststätte finden? Sollten sie nicht doch Koinos einweihen? Nein, entschied Kallippe für sich. Wenn es im *Gasthaus zum wilden Stier* wirklich eine Spur gab, die zu den hinterhältigen Bogenschützen führte, dann wollte Kallippe es gewesen sein, die die Täter aufgespürt hatte.

Auch Timokrates hing seinen Gedanken nach. Die Stimmung im Lager hatte sich nach dem Anschlag geändert. Es herrschte ein Klima des Misstrauens und der Angst. Man war auf der Hut, und die Freude nach dem Sieg über die Tyrer war einer allgegenwärtigen Furcht gewichen.

Die Dunkelheit brach herein, und überall brannten Lagerfeuer. Philippos' Gäste, einige hochrangige Soldaten, waren eingetroffen. Darunter Koinos, der eine Pelike mit Wein mitgebracht hatte, und der Kundschafter Medias, der auch ein begnadeter Leierspieler und ebensolcher Sänger war. Kallippe und Timokrates hatten die Aufgabe, die Gäste zu bewirten.

Vor dem Essen brachten die Männer den Göttern ein Trankopfer dar. Dann begann Medias, mit seiner tiefen, klaren Stimme ein Lied über die verführerische Aphrodite zu singen. Sanft strichen seine Finger über die Kithara.

Neairas Laune besserte sich etwas, denn sie mochte die Stimme des attraktiven Sängers und begann mitzusummen.

Doch Koinos hatte einen anderen Musikgeschmack. „Hör auf mit dem weibischen Honigbrei, Medias. Sing etwas über den Krieg, unseren König und die Helden in der Schlacht! Und natürlich über Philippos' Aufstieg!" Er hob seine Kylix – ein Trinkgefäß – und ließ sich von Kallippe nachschenken.

„Weibischer Honigbrei? Ich höre wohl nicht richtig!", ereiferte sich Medias. „Du beleidigst unsere Götter!" Neaira, die im Hintergrund stand und bediente, nickte.

Koinos lachte dröhnend. „Sei nicht so vermessen, Medias. Wenn ich über deinen Singsang höhne, beleidige ich höchstens dich, aber doch nicht die Götter!"

„Bei den Klumpfüßen des Hephaistos, was erlaubt sich der Kerl eigentlich?", zischte Medias leise – aber nicht leise genug, als dass Kallippe es überhört haben könnte. Beleidigt legte der Sänger seine Leier beiseite und verschränkte die Arme vor der Brust.

Koinos störte das nicht. „Lasst uns auf unseren Philippos trinken, und auf Alexander. Das Orakel von Delphi hat unserem König vor diesem Feldzug prophezeit, dass er unbesiegbar ist. Und die Eroberung von Tyros hat bewiesen, dass Alexander wirklich nicht zu bezwingen ist – und wir sind es auch nicht, Männer! Wir werden die Perser lehren, uns zu fürchten. Und ihren König Darius jagen wir ins Meer, beim Zeus! Schon übermorgen wird unser Heer Richtung Süden aufbrechen!"

Die Männer hoben ihre Becher und prosteten sich zu. Auch Medias nahm einen Schluck, wirkte aber immer noch gekränkt.

Philippos legte einen Arm um ihn. „Komm, Medias, mein Freund. Freu dich mit uns, und trink mit mir. Und lass dich nicht von Koinos ärgern. Er ist eben manchmal etwas roh."

„Roh?“ Medias lachte spöttisch auf. „Er ist ein ahnungsloser, grässlicher Kunstverächter mit der Seele eines Ochsen.“

Grinsend klopfte der Arzt ihm auf die Schulter und gab den Kindern ein Zeichen, dass sie das Essen bringen sollten. Das würde den Sänger hoffentlich wieder friedlich stimmen. Kurz darauf schleppten Kallippe und Timokrates die Platten mit Käse, Oliven und Brot heran.

Die Männer stürzten sich mit Heißhunger auf die Appetithappen. Keine halbe Stunde später wurden die Kinder beauftragt, den Hauptgang zu bringen.

„Oh, sehr fein!“, lobte Koinos mit vollem Mund. „Ganz zartes Fleisch. Das zergeht einem auf der Zunge.“

„Ich hoffe, es mundet dir auch und kann deine Zunge wieder lösen", meinte Kallippe zu Medias. „Meine Mutter würde sich sehr freuen."

„Sag ihr, dass es wirklich lecker ist", erwiderte der Sänger.

Und wenig später sang Medias tatsächlich wieder. Koinos würdigte er dabei jedoch keines Blickes. Die Stimmung wurde immer ausgelassener, was zum einen an Medias lag, zum anderen aber am jungen, süßen Wein, der inzwischen in Strömen floss. Wurde am Anfang noch über Politik und Philosophie diskutiert, erzählten sich die Gäste inzwischen Witze und stellten Rätselfragen.

„Hoffentlich sind die bald fertig", meinte Timokrates und gähnte.

„Das glaube ich schon", erwiderte Kallippe. Sie kicherte. „Sieh dir nur mal Koinos an. Der fällt doch bald um!"

Auch Timokrates lachte. „Ja, es scheint, als habe er zu tief in die Pelike geschaut! Und außerdem finde ich, dass ..."

Timokrates wurde von einem Soldaten unterbrochen, der heranstürmte.

„Schnell, Philippos, wir brauchen deine Hilfe!", rief er aufgeregt.

„Was ist passiert?“

„Einige Männer klagen über fürchterliche Magenkrämpfe! Komm!“

Sofort sprang der Arzt auf, holte seinen Koffer und folgte dem Soldaten. Kallippe und Timokrates warfen sich einen kurzen Blick zu. Dann liefen sie ihrem Vater hinterher. Der Soldat führte sie zu einer benachbarten Feuerstelle. Dort krümmten sich drei Männer auf dem Boden. Philippos sah einem der Kranken in die Pupillen und fühlte seinen Puls.

„Gift!", sagte er atemlos. „Timokrates, hol den kleinen Tonnapf mit dem Schlangensymbol darauf. Rasch, es geht um Leben und Tod!" Dann herrschte er die Umherstehenden an: „Und ihr geht weg! Was gibt es zu gaffen?"

Der Junge rannte los und kehrte zwei Minuten später mit dem Gewünschten zurück. Im Feuerschein verabreichte der Arzt den Männern je eine Dosis von dem Pulver. Die Soldaten würgten das Mittel hinunter und mussten sich bald darauf erbrechen. Aber danach ging es ihnen langsam besser.

„Zeus sei Dank", sagt Philippos. „Es hat gewirkt. Das war in letzter Sekunde!"

„Was war in dem Napf, Vater?", wollte Timokrates wissen. Schon hatte er seine Schreibutensilien gezückt.

„Später, mein Sohn, jetzt muss ich mich erst noch um die Männer kümmern." Er beugte sich zu ihnen hinab. „Ihr müsst von diesem Pulver fünfmal am Tag eine Prise nehmen."

„Fünfmal?", fragte einer der Soldaten mit weit aufgerissenen Augen. „Ich glaube, mir geht es schon wieder viel besser."

„Du tust, was ich sage", ordnete der Arzt an.

Stöhnend sank der Mann auf den Boden zurück.

Sein Atem ging flach. Er schloss die Augen. Philippos erkannte, dass der Soldat und seine Freunde noch lange nicht über den Berg waren. Sie brauchten jetzt vor allem Ruhe. Aber eine Frage hatte der Arzt noch.

„Was habt ihr zu euch genommen?“, forschte er nach. Doch Philippos bekam keine Antwort. Also wandte er sich an einen in der Nähe stehenden Soldaten.

„Keine Ahnung. Die drei haben allein gefeiert“, erwiderte dieser. „Wir hörten ihre Hilferufe und kamen herüber.“

„Hm, wir müssen aber herausfinden, was sie gegessen und getrunken haben. Ich will wissen, wer die vergifteten Speisen geliefert hat!“, sagte der Arzt.

„Hier liegen umgestürzte Weinkelche, Vater!“, rief Kallippe. „Sieht so aus, als hätten die Männer zuletzt etwas getrunken!“

„Da könntest du Recht haben“, meinte ihr Vater. „Aber dort stehen gleich vier Peliken herum! Aus welcher haben sie wohl getrunken?“ Er ließ seinen Blick über die Gefäße gleiten. Auf jedem war der Name des Händlers vermerkt, der den Wein abgefüllt hatte.

„Ist doch ganz klar, welche Pelike es nur sein kann“, rief in diesem Moment Timokrates.

? Welche Pelike meint Timokrates?

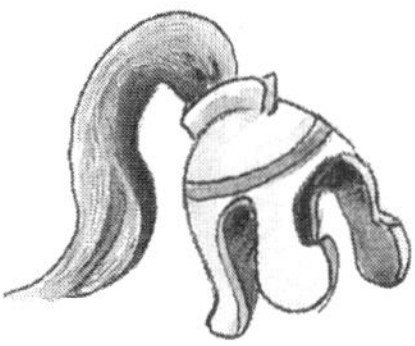

Im Wein liegt die Wahrheit

Noch in derselben Nacht durchkämmte ein schwer bewaffneter Trupp unter Leitung von Koinos die Stadt Tyros nach dem Weinhändler Stephanos. Alexanders Männer fanden zwar das Weinlager von Stephanos, doch leider gab es keine Spur von dem Besitzer. Koinos kehrte enttäuscht zurück.

„Pfeile aus dem Hinterhalt, Gift im Wein – warum kämpfen die Kerle mit diesen Tricks und nicht von Mann zu Mann, beim Ares?", knurrte er müde.

„Nimm's nicht so tragisch", beruhigte ihn Philippos, der auf die Rückkehr des Trupps gewartet hatte. Und dann fügte er schmunzelnd hinzu: „Wer will sich schon mit dir Mann gegen Mann messen?"

Die Nacht war kurz, denn bereits im Morgengrauen weckte Neaira ihre Kinder, damit sie ihr beim Aufräumen halfen.

„Wie auf einem Schlachtfeld", meinte Neaira missbilligend und begann, die herumliegenden Gefäße und Essensreste einzusammeln. Mittendrin hielt sie inne und stemmte die Hände in die Seite.

„Irgendetwas stört mich die ganze Zeit, und jetzt weiß ich, was es ist!", meinte sie, stürmte ins Zelt und brüllte: „WÜRDE DER LEIBARZT DES KÖNIGS SICH VIELLEICHT MAL VON SEINEM LAGER ERHEBEN UND MITHELFEN?“

Grinsend sahen Kallippe und Timokrates ihren Vater kurz darauf heranwanken. Er murmelte einen kurzen Gruß und begann unter Neairas strengen Blicken mit der Arbeit.

„Die beiden sind beschäftigt“, meinte Timokrates leise zu seiner Schwester. „Es würde kaum auffallen, wenn wir uns kurz verkrümeln.“

„Willst du dich mal wieder drücken?“, argwöhnte Kallippe.

„Quatsch, ich will nach Tyros gehen, zum Geschäft des Weinhändlers. Vielleicht hat Koinos etwas übersehen. Es war schließlich Nacht – und ganz nüchtern war er auch nicht. Außerdem sollten wir das *Gasthaus zum wilden Stier* suchen!“

Kallippe war sofort dabei.

Es waren nur wenige Minuten zu Fuß nach Tyros. Die Stadt lag auf einer Insel und war daher schwer zu erobern gewesen. Alexander hatte extra einen 100 Meter breiten und 700 Meter langen Damm bauen lassen, um die gewaltigen Belagerungstürme mit ihren Sturmböcken in Stellung zu bringen. Nun wiesen die Stadtmauer und das Tor schwere Schäden auf. Viele Gebäude der einst stolzen Hafenstadt waren heruntergebrannt.

Schweigend und bedrückt liefen die Kinder durch die Gassen. Die meisten Geschäfte waren geschlossen, der Markt verwaist. Vor dem Tempel des Stadtgottes Melqart fragten die Geschwister einen alten Mann nach dem Weinlager von Stephanos. Der Alte wies ihnen den Weg, und kurz darauf standen Kallippe und Timokrates vor dem Laden, der verlassen an der Stadtmauer lag.

„Koinos und seine Männer haben die Tür aufgebrochen“, stellte Kallippe fest. „Eine gute Gelegenheit, was meinst du?“

Timokrates sah sich um. Die Gasse war menschenleer.

„In Ordnung, aber du bleibst hier“, sagte er. „Keine Widerrede. Warne mich mit einem Pfiff, wenn jemand aufkreuzt.“ Und schon war er in dem Gebäude verschwunden. Er stand in einem düsteren Verkaufsraum mit einem Tresen und Regalen voller Amphoren und Peliken. Nichts Verdächtiges war zu sehen und zu hören. Aber dann ... ein Geräusch!

„Bestimmt nur eine Maus oder so“, sagte er zu sich selbst. Hinter dem Tresen befand sich eine Treppe. Timokrates zögerte nur kurz und schlich dann die Stufen hinab. Es wurde zunehmend dunkler. Unten roch es nach schwerem Wein, harzigem Holz und ganz leicht nach Moder.

Und da war es wieder, dieses Geräusch, diesmal direkt vor ihm! Timokrates hielt die Luft an und lauschte. Er war sich plötzlich nicht mehr so sicher, ob es wirklich nur eine Maus war. Am liebsten hätte er sich umgedreht und wäre die Treppe hinaufgestürmt. Aber Kallippe hätte ihn bestimmt ausgelacht. Außerdem hielt sie dort oben Wache und würde ihn warnen, wenn jemand käme. Also ging Timokrates kein Risiko ein, wenn er sich noch ein wenig umschaute. Es sei denn, der Verdächtige war hier in diesem dunklen, unübersichtlichen Keller und wartete nur darauf, ihn zu überfallen.

Unsicher schlich Timokrates weiter. Plötzlich hörte er schnelle Schritte hinter sich, wirbelte herum, doch es war zu spät. Starke Arme packten ihn. Timokrates schlug und trat um sich, aber sein Gegner hielt ihn fest umklammert und stieß ihn in einen Verschlag. Hart krachte Timokrates mit der Schulter gegen einen Holzbalken. Die Tür knallte zu, ein Schlüssel wurde gedreht, dann entfernten sich die Schritte. Timokrates rüttelte an der Tür – vergebens! Sie ließ sich nicht öffnen. Vollkommene Dunkelheit

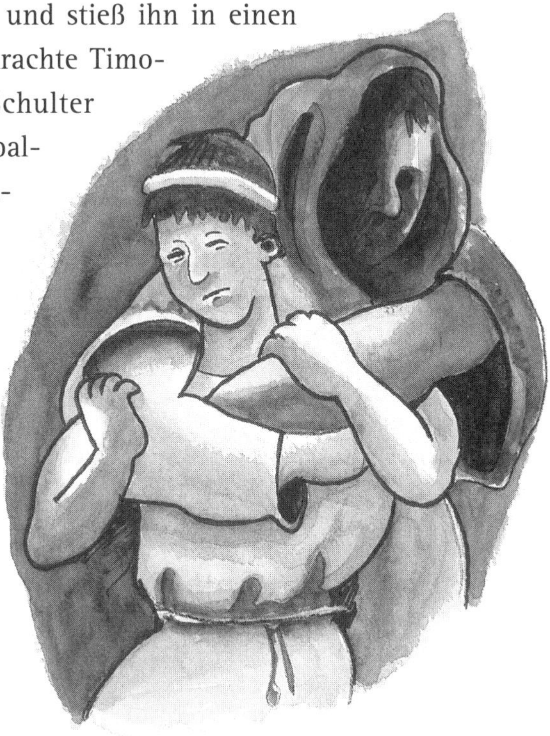

und Stille umgaben ihn. Timokrates klopfte gegen das Holz, in der Hoffnung, dass ihn seine Schwester hören würde. Nichts.

„Kallippe!", brüllte er aus Leibeskräften. „Kallippe!"

Wenig später waren wieder Schritte zu hören. Der Schlüssel drehte sich im Schloss und – Kallippe steckte den Kopf herein.

„Ein Glück, dass der Schlüssel noch da war", meinte sie. „Wer hat dich eingesperrt?"

„Wenn ich das wüsste", antwortete Timokrates missmutig, während er mit seiner Schwester die Treppe hinaufeilte. „Ich habe den Kerl in der Dunkelheit nicht erkannt. Hast du ihn nicht auf der Straße gesehen?"

„Nein", sagte Kallippe. „Er muss einen anderen Ausgang benutzt haben."

Gemeinsam umrundeten sie das Gebäude. Kallippe hatte Recht – unmittelbar an der Stadtmauer entdeckten sie einen weiteren Zugang zum Weinlager.

„Er ist entwischt, zu dumm." Timokrates ärgerte sich.

„Vielleicht hat der Mann da etwas beobachtet", meinte Kallippe und deutete zur Mauer. Dort oben saß ein rundlicher Mann und sang vor sich hin. Neben ihm stand eine mit Wein gefüllte Oinochoe.

„Ich glaube, der ist betrunken", befürchtete Timokrates.

„Egal, im Wein liegt die Wahrheit. Manchmal jedenfalls, beim Dionysos.“ Kallippe lachte und kletterte zu dem Mann hinauf. Ihr Bruder folgte ihr. Von hier oben hatten sie einen sehr guten Blick auf die gesamte Stadt.

„Wie nett, ich bekomme Besuch“, säuselte der Mann und hickste. „Was treibt euch denn hierher?“

„Hallo“, sagte Kallippe und sah den Mann mit großen, traurigen Augen an. „Mein armer Bruder ist überfallen worden, und wir suchen den Täter. Vielleicht kannst du uns helfen.“

„Die Welt ist aus den Fugen geraten. Jetzt werden schon Kinder überfallen“, seufzte der Dicke und nahm einen Schluck Wein. „Wie sah der Mistkerl denn aus?“

„Keine Ahnung, aber er muss hier gerade aus dem Hintereingang gerannt sein.“

Ein Leuchten ging über das Gesicht des Mannes. „Ach so, das war Stephanos. Der war schon immer ein elender Halunke, beim Hephaistos!“

„Hast du gesehen, wo er hingelaufen ist?“, fragten die Geschwister hoffnungsvoll.

„Kla-har doch!“, lallte der Dicke fröhlich. „Ist doch ganz einfach. Er ist erst mal ein Stück geradeaus in Richtung Innenstadt gelaufen. An den drei Palmen ist er links abgebogen, glaube ich jedenfalls, höhö“, lachte der Dicke. „Und dann, na ja, dann ist er an der nächsten Kreuzung weiter geradeaus gerannt, würde ich mal sagen. Und dann, tja, hinterm Tempel links und die zweite wieder rechts, oder so. Alles kla-har?“

„Nein, überhaupt nicht“, meinte Timokrates missmutig und wandte sich zum Gehen. „Komm, Kallippe, wir verschwenden nur unsere Zeit.“

„Unsinn“, rief das Mädchen. „Ich weiß, wohin Stephanos geflohen ist!“

?

Wo ist Stephanos hingelaufen?

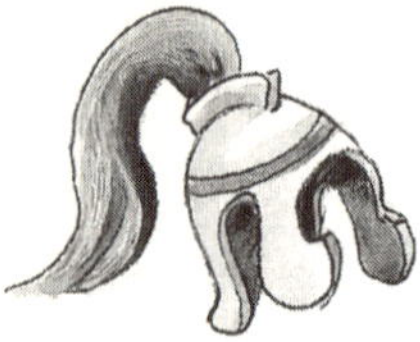

Leinen los!

„Meinst du wirklich, dass wir Stephanos dort finden?“, fragte Timokrates.

„Klar“, rief Kallippe überzeugt. Und zum Dicken meinte sie: „Danke! Bitte sag uns noch, woran wir Stephanos erkennen!“

„Er ist ziemlich klein und zieht das rechte Bein nach. Oder war es das linke? Keine Ahnung.“

Kallippe gab ihrem Bruder einen aufmunternden Klaps. „Komm, auf zum Hafen!“

„Immer diese Rennerei! Hoffentlich ist es nicht umsonst“, brummelte Timokrates.

Seine Schwester beachtete die Einwände nicht weiter – sie war schon unterwegs.

Kurz darauf erreichten sie den Hafen mit seinen Schenken, Werkstätten und der Werft. Im Hafenbecken lagen einfache Fischerboote vor Anker, aber auch eine mächtige, etwa 40 Meter lange Triere, die von 170 Ruderern angetrieben wurde. Mit großen Augen betrachtete Timokrates den Rammsporn am Bug des Kriegsschiffes, mit dem es die Flanke eines feindlichen Schiffs aufschlitzen konnte.

„Willst du in See stechen?“, fragte Kallippe lachend.

Timokrates fühlte sich ertappt. Das Schlachtschiff faszinierte ihn einerseits, da es unbezwingbar und mächtig wirkte. Andererseits schreckte es ihn ab, denn jede Schlacht brachte Tote und Verwundete, und Timokrates hatte schon einige Menschen sterben sehen, denen noch nicht einmal sein Vater mehr hatte helfen können.

„Schau mal da drüben!“, rief Kallippe jetzt. „Das Lokal dort!“

Jetzt hatte Timokrates erkannt, welches Gebäude sie meinte – das *Gasthaus zum wilden Stier*. Plötzlich hatte Timokrates das Schiff vergessen.

„Womöglich versteckt sich Stephanos dort“, sagte er atemlos. „Das würde doch mit der geheimen Botschaft zusammenpassen, die du entschlüsselt hast! Die Schenke ist ein Treffpunkt der Feinde!“

Zusammen liefen sie zu dem Lokal. Tür und Fenster waren verrammelt. Kein Laut drang aus dem Haus.

„So ein Mist!", meinte Kallippe enttäuscht. „Und von Stephanos ist weit und breit auch nichts zu sehen. – He, was hast du?"

Timokrates hatte sie hinter den breiten Stamm einer Palme gezogen.

„Psst, da ist er!", wisperte er. Ein kleiner hinkender Mann ging auf die Schenke zu.

„Ja, das muss Stephanos sein! Was sollen wir jetzt machen?"

„Lauf du los, und schlag Alarm bei Koinos. Ich behalte den Kerl im Blick. Beeil dich!" Leichtfüßig lief Kallippe Richtung Stadttor. Timokrates betete zu Zeus, dass die Sache gut ausging. Falls ja, würde er dem Gott der Götter heute Abend ein Opfer darbringen.

Vorsichtig lugte der Junge hinter dem Stamm hervor. Stephanos trug einen Sack auf dem Rücken, der offenbar ein beträchtliches Gewicht hatte. Er ging an der Schenke vorbei und bog in eine schmale Gasse ein. Timokrates musste das Versteck verlassen, wollte er Stephanos nicht aus den Augen verlieren.

Er schlenderte ebenfalls am *Wilden Stier* vorbei und warf einen unauffälligen Blick in die Gasse. Von Stephanos war nichts mehr zu sehen! Unschlüssig blieb Timokrates stehen und überlegte. Dann lief er in die schmale Straße hinein. Nach wenigen Schritten stieß er auf einen Nebeneingang zur Schenke. Die Tür hing schief in den Angeln und schwang leicht hin und her. Timokrates' Herz klopfte. War Stephanos hier gerade hineingegangen? Ja, so musste es gewesen sein, denn die Gasse verlief schnurgerade, und Timokrates hätte Stephanos sehen müssen, wenn dieser nicht irgendwo hineingegangen war.

Was sollte er jetzt tun? Er konnte wohl kaum durch diese Tür gehen. Aber es gab hier auch keinen geeigneten Ort, von dem er das Schlupfloch beobachten

konnte. Schon spürte er den misstrauischen Blick einer alten Frau, die einen Eimer Wasser in der Gosse entleerte. In diesem Moment flog die windschiefe Tür auf, und Stephanos erschien. Für einen Sekundenbruchteil kreuzten sich die Blicke des Jungen und des Weinhändlers. Stephanos sah sofort zur Seite und hinkte Richtung Hafenbecken. Den Sack hatte er nicht mehr dabei.

Timokrates ließ dem Verdächtigen etwa zwanzig Meter Vorsprung, dann schlich er sich hinterher. Nun hatte Stephanos das Hafenbecken erreicht. Er hielt sich links, gelangte zu einem der kleinen Fischerboote, sprang hinein und begann, die Leinen zu lösen.

Timokrates bekam einen Schreck. Bis zum Eintreffen von Koinos und den Soldaten wäre der Verdächtige längst davongesegelt! Rasch sah sich der Junge um – gab es hier nicht zufällig eine Patrouille, die ihm helfen konnte? Aber natürlich war das nicht der Fall.

Timokrates überlegte fieberhaft. Er musste den Mann

aufhalten – bloß wie? Das kleine Boot hatte bereits von der Mole abgelegt. Stephanos ruderte Richtung Leuchtfeuer, das auf einem Turm an der Hafenausfahrt stand. Er kam nicht besonders schnell voran, weil er Gegenwind hatte und das Boot normalerweise von zwei Männern gerudert wurde.

Plötzlich hatte Timokrates eine Idee. Er rannte, so schnell er konnte, an der Mole entlang, an deren Ende einige unbemannte Lastkähne vertäut waren. Timokrates sah zu Stephanos hinüber. Dieser war noch ein gutes Stück von der Hafenausfahrt entfernt. Kurzerhand löste Timokrates die Taue der Lastkähne.

Bange Sekunden verstrichen. Doch dann jubelte der Junge innerlich, denn seine Rechnung ging auf: Die Strömung trieb die klobigen Schiffe genau auf die Hafenausfahrt zu.

„Was machst du da, beim Zeus?“, gellte eine Stimme hinter ihm. „Bist du wahnsinnig?“

Erschrocken fuhr Timokrates herum. Ein Mann stürmte auf ihn zu, offenbar einer der Schiffsbesitzer. Timokrates umrundete den Turm und konnte seinen Verfolger auf Distanz halten. Er warf einen Blick auf den flüchtenden Weinhändler. Inzwischen hatten sich die Lastkähne in der Hafenzufahrt ineinander verkeilt und bildeten ein unüberwindbares Hindernis für

Stephanos, der laut fluchend in seinem Boot stand. Auf der Mole kamen immer mehr Menschen zusammen, und es herrschte großes Geschrei.

„Der da, der war's!", brüllte der Schiffsbesitzer und deutete auf Timokrates. Ein paar kräftige Männer nahmen nun auch die Verfolgung des Jungen auf.

Timokrates flitzte wieder Richtung Gasthaus. Das sah gar nicht gut aus – wo blieben nur Kallippe, Koinos und die anderen?

In diesem Moment stolperte Timokrates über ein Tau und stürzte. Er rappelte sich sofort wieder auf, doch die Verfolger hatten ihn schon eingeholt. Ein Fischer, kräftig wie ein Bär, packte den Jungen, hob ihn hoch wie eine Feder und brüllte: „Jetzt werde ich dir zeigen, was es heißt, einen ..."

„Gar nichts wirst du", ordnete eine Stimme an. „Lass ihn los, und zwar sofort."

Überglücklich erkannte Timokrates Koinos und Kallippe an der Spitze eines Trupps Soldaten. Widerwillig gehorchte der Fischer und ließ Timokrates los.

„Holt Stephanos aus seinem Boot“, befahl Koinos einem Teil seiner Männer. Die anderen bekamen den Auftrag, das *Gasthaus zum wilden Stier* zu durchsuchen. Anerkennend klopfte Koinos Timokrates auf die Schulter. „Das hast du gut gemacht, mein Junge.“

„Kallippe musst du genauso loben!“, erwiderte Timokrates bescheiden. „Wenn sie nicht so schnell gewesen wäre, hätte die Aktion hier ein böses Ende nehmen können.“ Respektvoll betrachtete er die Oberarmmuskeln des Fischers.

Koinos nickte. „Ich bin jetzt mal gespannt, was Stephanos zu sagen hat.“

Kurz darauf wurde der Weinhändler herangezerrt. Er gab sofort zu, dass er den Wein vergiftet hatte.

„Wer hat dich bezahlt?“, wollte Koinos wissen.

„Niemand“, sagte Stephanos mürrisch. „Mich braucht keiner dafür zu bezahlen. Ich hasse Alexander und euch Makedonen. Ich wollte mich für die Einnahme von Tyros rächen und euch die Feierei verderben.“

Für einen Augenblick wirkte Koinos unschlüssig. Dann hakte er nach: „Du hast also ganz allein gehandelt?“

Stephanos nickte. Hinter ihm tauchten Koinos' Männer auf, die das Gasthaus durchsucht hatten.

„Wir haben nichts Verdächtiges gefunden“, meldeten sie.

„Tja, scheint so, als würde der Kerl hier die Wahrheit sagen“, meinte Koinos. „Bringen wir ihn zum König. Er soll über ihn richten.“

„Von mir aus. Ich fürchte den Tod nicht“, sagte Stephanos kalt.

Timokrates konnte sich nicht mehr zurückhalten. „Er hat einen schweren Sack in der Schenke gelassen. Habt ihr den nicht gefunden?“

„Nein“, erwiderten die Soldaten.

„Das können sie auch nicht, weil es diesen Sack nicht gibt!“, rief Stephanos.

Wütend sah Timokrates den Mann an. Da fiel ihm etwas auf, und er rief: „Der Kerl lügt. Und er hat auch gelogen, als er sagte, dass er allein gehandelt hat. Stephanos hat sehr wohl noch Komplizen!“

? *Wie kommt Timokrates darauf?*

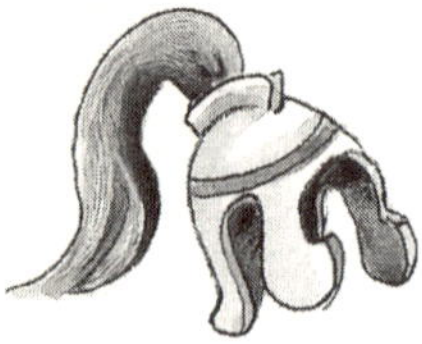

In der Morgendämmerung

„Wie kalt es ist", dachte Timokrates, als er am nächsten Morgen aus dem Zelt schlüpfte. Die anderen schliefen noch. Den Jungen aber hatte eine seltsame Unruhe ergriffen und aus dem Schlaf gerissen – wie immer, wenn der Tross weiterzog. Der ganze gestrige Tag hatte den Vorbereitungen des Aufbruchs gegolten, und es herrschte eine Betriebsamkeit wie in einem Ameisenhaufen.

Timokrates ging zu dem kleinen Altar, den sein Vater aus Steinen gebaut und den Kallippe mit Blumen geschmückt hatte. Leise murmelte der Junge ein Gebet und bedankte sich bei Zeus, dass sein Abenteuer in Tyros ein gutes Ende genommen hatte. Dann brachte er dem Gott ein Opfer dar: Ziegenmilch und feines Gebäck.

Doch richtig bei der Sache war Timokrates nicht. Immer wieder schweiften seine Gedanken ab und wanderten zu Stephanos. Zwar hatten sie ihn der Lüge überführt. Auch der Sack war gefunden worden, randvoll mit Waffen und Drachmen. Stephanos hatte zugegeben, dass die Schenke ein geheimer Treffpunkt für die Gegner von Alexander hätte werden sollen. Außerdem hatte er preisgegeben, dass er von einer Gruppe unter der Leitung eines Mannes, den alle nur *das Auge* nannten, angeheuert worden war. Aber *das Auge* selbst hatte er angeblich noch nie gesehen. Man habe sich stets schriftlich und per Boten ausgetauscht, nie jedoch persönlich.

Koinos hatte den Weinhändler noch eine Stunde verhört – aber Stephanos war dabei geblieben. Koinos vermutete nun, dass *das Auge* und seine Männer vom Perserkönig Darius bezahlt wurden, der sich offenbar noch nicht wieder traute, das Heer von Alexander offen anzugreifen.

„Was soll's?", hatte Koinos gerufen. „Uns kann niemand aufhalten, beim Ares!"

Nachdenklich ging Timokrates zurück ins Zelt, wo seine Eltern und Kallippe bereits damit beschäftigt waren, die restlichen Dinge zusammenzupacken.

Wenige Stunden später war es so weit: Der gewaltige Tross setzte sich nach einem Trompetensignal Richtung Süden in Bewegung. Das nächste Ziel war die Stadt Gaza, bevor Alexander der Große Ägypten erobern und den dort herrschenden Perserkönig Darius vertreiben wollte.

An der Spitze des schier endlosen Zuges saß Alexander auf seinem Ross Bukephalos. Alexander war der Einzige, der das einst als unzähmbar geltende Tier reiten konnte. Der König in seinem strahlenden, vergoldeten Brustpanzer wurde von seinen Leibwächtern, den Somatophylakes, umgeben. Hinter ihnen folgte ein Teil der berittenen Soldaten, dann ein Offizier, der einen Trupp Hopliten mit ihren zwei Meter langen Stoßlanzen anführte. Ihnen schlossen sich weitere Hopliten-Abteilungen, die die gewaltigen Kriegsmaschinen mit sich führten, sowie die Bogenschützen und leicht bewaffnete Soldaten an. Im Mittelteil des Zuges waren tausende von Zivilisten – Handwerker, Ärzte, Beamten, Frauen und Kinder, teils zu Fuß, teils auf Karren. Einige tausend Soldaten bildeten die Nachhut. Pfeilschnelle Reiter sicherten die Flanken des Heereszuges, der eine gewaltige Staubwolke aufwirbelte.

Kallippe, Timokrates und ihre Eltern gehörten zu den Privilegierten, die einen eigenen Karren hatten. Ganz in ihrer Nähe lief der Sänger Medias. Er summte ein Lied vor sich hin und schien bester Laune zu sein.

Kallippe sah ihren Bruder an und fragte: „Meinst du, dass der Spuk ein Ende hat?“

„Ehrlich gesagt, nein“, erwiderte Timokrates. „Aber vielleicht hat Koinos Recht, dass uns niemand stoppen kann. Natürlich bietet ein solch großer Tross immer ein Ziel für Feinde, aber richtig aufhalten – das kann uns wohl niemand.“

Kallippe antwortete nicht. Sorgsam beobachtete sie das Gelände. Die Gegend war kahl, fast wüstenähnlich, hügelig und unübersichtlich. Überall konnten Gefahren lauern.

Plötzlich sehnte sie sich in ihre Heimatstadt Pella in Makedonien zurück, wo sie in einem schönen Haus mit einem großen Garten gelebt hatte – bis ihr Vater Philippos vom König aufgefordert worden war, sich dem Zug anzuschließen. Und natürlich war der Arzt diesem Ruf gefolgt, so wie der Rest der Familie dem Vater gefolgt war.

Seufzend warf das Mädchen einen Blick zum Himmel. Das klare Blau war verschwunden. Die Sonne versteckte sich hinter feinen, fahlen Schichtwolken, den Vorboten eines Wetterumschwungs, wie Kallippe wusste.

Doch bis zum Abend blieb es trocken. Als die Dämmerung hereinbrach, gab Alexander das Signal zum Halten. Sie hatten einen Hügel erreicht, von dem man die Gegend gut überblicken konnte. Im Norden lag allerdings ein dichter Waldstreifen, der sofort von Alexanders Spähern, darunter auch Koinos und Medias, durchsucht wurde. Sie kehrten eine Stunde später zurück und waren im Wald auf keine Feinde gestoßen.

Die Kinder sammelten Holz, und kurz darauf bereitete Neaira einen scharfen Eintopf mit Kohl, etwas Fleisch und Knoblauch zu. Das galt im Tross schon als reiner Luxus. Denn die Soldaten erhielten auf das Geheiß ihres Königs meistens nur Brot, Oliven, Feigen und Käse. Doch Alexander war nicht etwa geizig. Er wollte nur sicherstellen, dass seine Leute auch im Feindesland regelmäßig, wenn auch karg, versorgt wurden. Deshalb hatte der kluge Stratege den Speiseplan auf Dinge reduziert, die leicht zu beschaffen oder herzustellen waren.

Als die Familie um das Feuer saß, fühlte sich Kallippe wieder fast wie zu Hause. Sie lauschte den Worten ihres Vaters, der Timokrates gerade erklärte, dass sich der Korbblütler hervorragend zur Behandlung von Geschwüren und Wunden eignete. Neaira sang ein Lied vor sich hin, und Kallippe meinte, eine der Melodien herauszuhören, die Medias beim Fest gespielt hatte. Alles war sehr friedlich.

Doch plötzlich war es wieder da, dieses grässliche Surren! Tock-tock-tock! Im Sekundenrhythmus schlugen die Pfeile ein. Schreie gellten durch die Dämmerung. Rasch zogen Philippos und Neaira ihre Kinder unter den Wagen. Eine bange Minute verstrich. Kallippe hätte heulen können. Doch sie war weniger traurig, sie war vor allem wütend auf die feigen Schützen aus dem Hinterhalt. Philippos wagte sich als Erster aus der Deckung.

„Es scheint vorbei zu sein", meinte er. „Bleibt dennoch unter dem Wagen, bis ich zurück bin." Der Arzt lief in die Richtung, aus der die Schreie gekommen waren.

Kallippe und Timokrates sahen sich an und schlichen heimlich hinterher. Schon nach wenigen Schritten stießen sie auf einen Mann, der stark blutend auf dem Boden lag. In seiner Schulter steckte ein Pfeil. Philippos zog diesen vorsichtig heraus, reinigte die Wunde, so gut es ging, und legte dem Mann einen Verband an, um die starke Blutung zu stoppen. Fasziniert beobachtete Timokrates, wie geschickt und methodisch sein Vater vorging. Dann wurde der Arzt auch schon zum nächsten Verwundeten gerufen. Koinos gesellte sich dazu und untersuchte die Geschosse.

„Das hier ist eindeutig ein Pfeil, wie ihn die Perser verwenden“, sagte er. „Aber das Ding hier, das ist seltsam.“

Staunend schauten sich die Kinder den Pfeil in Koinos' Händen an. Er war sehr kurz und dick.

„Das ist ja mehr ein Bolzen“, meinte Timokrates.

„Du sagst es“, pflichtete Koinos ihm bei. „Und ein solcher Bolzen kann eigentlich nur aus kurzer Distanz abgeschossen werden. Wir müssen sofort das Gelände durchkämmen!“ Er rannte zum König und bat um Erlaubnis, mit einem Trupp die unmittelbare Umgebung abzusuchen.

„Hoffentlich finden sie die Mistkerle!“, rief Kallippe, die sich am liebsten an der Suche beteiligt hätte. Doch sie musste sich gedulden.

Endlich kehrte der Suchtrupp zurück. Die Soldaten trieben einen Gefangenen vor sich her und brachten ihn sofort zu Alexander. Im allgemeinen Trubel fiel es nicht weiter auf, dass Kallippe und Timokrates mit zum König schlichen. Alexander trat aus seinem Zelt und musterte den Gefangenen wütend. „Sag mir deinen Namen“, verlangte er.

„Sitalkes, Herr“, antwortete der Gefangene, ein dünner Mann mit einer Hakennase, und warf sich vor Alexander in den Staub. „Glaubt mir, ich habe nichts getan!“

„Er hat sich im Wald versteckt und versuchte zu fliehen, als wir ihn aufstöberten!“, rief Koinos.

„Nein, nein, so war es nicht“, wehrte sich Sitalkes. „Ich bin doch nur ein einfacher Bauer!“

„Und was macht ein Bauer noch abends im Wald?“, herrschte Alexander ihn an.

„Ich ... ich habe Holz gesucht“, stammelte Sitalkes.

Koinos lachte laut auf. „Und warum hast du dann keines dabei? Du gehörst zu den Männern, die uns angegriffen haben, beim Ares! Und deine Waffen hast du irgendwo versteckt.“

„Nein!“, verteidigte sich Sitalkes. „Ich habe weder Pfeil noch Bogen, das schwöre ich!“

Alexander und Koinos sahen sich an.

Doch Kallippe hatte etwas bemerkt. Sie nahm ihren ganzen Mut zusammen und rief: „Du solltest lieber nicht schwören, Sitalkes, denn du sagst nicht die Wahrheit!“

? *Woher weiß Kallippe, dass Sitalkes gelogen hat?*

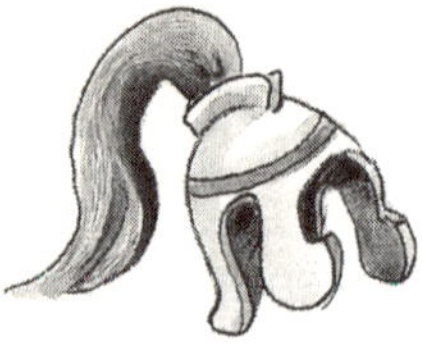

Gefahr am Fluss

Kallippe hatte nicht nur mit ihrer Anschuldigung gegen Sitalkes Recht. Auch ihre Ahnung, was den Wetterumschwung anbetraf, war begründet. Denn als sich der Tross am nächsten Morgen in Bewegung setzte, begann es zu regnen. Erst waren es nur ein paar Tropfen gewesen, doch dann war der Regen schnell dichter geworden – und inzwischen schüttete es. Die Tropfen verwandelten den Weg innerhalb weniger Minuten in eine Schlammpiste, und der Wind jagte scharfe Böen über die karge Ebene. Als dann Zeus auch noch Blitze aus grauschwarzen Wolken zucken ließ, denen ein ohrenbetäubender Donner folgte, wurde der Tross immer langsamer. Viele Pferde gerieten in Panik und brachen aus. Karren und Katapulte blieben im Matsch stecken oder kippten um. Ständig drohte der Tross auseinander zu brechen, weil irgendwo ein Stau entstanden war.

Alexander ordnete an, dass der Zug unter allen Umständen zusammenbleiben musste. Der Feldherr wusste, dass seinem Heer sonst der Untergang drohte, denn die einzelnen Teile wären eine leichte Beute für die Truppen des Perserkönigs Darius.

Timokrates und Kallippe kauerten dicht nebeneinander unter der Plane des Wagens, die allmählich durchweichte. Zwei Esel zogen ihren Karren, und Philippos und Neaira hatten Mühe, die nervösen Tiere im Zaum zu halten.

„Die Götter sind gegen uns“, meinte Timokrates düster. Ein Regentropfen fiel ihm auf die Nase.

„Ich weiß nicht“, erwiderte seine Schwester, während sie den Chiton noch fester um ihre Schultern zog. „Immerhin haben wir schon zwei Feinde überführt. Das ist doch etwas.“

„Na ja“, erwiderte ihr Bruder. „Ich fürchte, dass es weitere Angriffe aus dem Hinterhalt geben wird, auch

wenn Sitalkes gesagt hat, dass er keine Hintermänner hat. Doch das glaubt ihm ja wohl niemand. Vor allem bleibt die Frage offen, wer diesen seltsamen Bolzen abgeschossen hat."

„Sitalkes war es ganz sicher nicht", sagte Kallippe. „Schließlich hat Koinos gestern noch den Bogen gefunden, den Sitalkes im Wald versteckt hatte. Und mit diesem Bogen kann man keine Bolzen abschießen, sagt Koinos."

Timokrates hob seufzend die Schultern. „Da siehst du es, die Angriffe werden weitergehen. Die Götter sind eben nicht auf unserer Seite." Er musste sich an einem Getreidesack festhalten, weil der Wagen plötzlich bedrohlich zu schlingern begann.

Kallippe krabbelte auf allen vieren nach vorn und spähte zwischen ihren Eltern hindurch unter der Plane hervor. Sie starrte in eine nasse, graue Wand.

„Bleib drinnen!", rief ihr der Vater zu. „Es reicht, wenn wir hier vorn völlig durchnässt werden."

„Ich will dir aber helfen. Auch ich kann die Zügel halten!“, bot Kallippe an.

„Keine Widerrede, rein mit dir!“, befahl Philippos. Brummelnd zog sich Kallippe ins Wageninnere zurück. Ihr war langweilig. Bei dem Gewackel konnte sie noch nicht einmal mit ihrem Bruder das Pyramidenspiel spielen. Timokrates hatte seinen Kopf gegen den Getreidesack gelegt und die Augen geschlossen. Kallippe tat es ihm gleich und fiel kurz darauf in einen leichten Schlaf.

Ein lauter Ruf schreckte die Kinder wenig später auf. Als sie die Plane anhoben, sahen sie, dass der Wagen in einem Schlammloch feststeckte. Rasch sprangen Kallippe und Timokrates vom Wagen und packten mit an. Mit vereinten Kräften versuchten sie, den Karren aus dem Morast zu ziehen. Unterdessen peitschte der Regen in ihre Gesichter. Innerhalb weniger Minuten waren auch Kallippe und Timokrates völlig durchnässt. Philippos gab Kommandos und brüllte die

Esel an. Sie zogen mit aller Kraft, doch es hatte keinen Sinn. Im Gegenteil, der Wagen sank sogar noch tiefer in den Schlamm und drohte umzukippen.

Hinter ihnen wurden wütende Stimmen laut. „Wenn sie uns helfen würden, wären wir vielleicht schon längst weg hier“, dachte Kallippe wütend. Sie verwünschte den Tag, an dem sie von zu Hause aufgebrochen waren. Jetzt steckten sie buchstäblich im Schlamassel, umzingelt von hinterhältigen, schießwütigen Feinden, während der Himmel seine Schleusen geöffnet hatte, als wolle er sie ins Mittelmeer schwemmen. Kallippe freute sich, als sie ein paar kräftige Hopliten aus dem vorderen Teil des Trosses kommen sah. Mit ihrer Hilfe konnte die Fahrt bald wieder weitergehen, wenn auch unverändert langsam.

Am späten Nachmittag stoppte plötzlich der gesamte Tross. Ein leeres Bachbett, ein Wadi, hatte sich durch die starken Regenfälle in einen reißenden Fluss ver-

wandelt und versperrte dem Tross den Weg. Braun und schäumend wälzten sich die Wassermassen dahin. Alexander sandte Koinos, Medias und andere Späher aus, die am Wadi entlangritten und eine Furt suchen sollten. Doch sie fanden keine seichte Stelle, wo der Tross gefahrlos durchs Wasser ziehen konnte.

„Was jetzt?“, wollte Timokrates wissen, als Koinos bei Alexander Meldung gemacht hatte und bei ihnen vorbeischaute. Koinos wollte sich bei Neaira stärken. Er wusste, dass die Frau seines besten Freundes immer etwas für ihn zum Essen hatte.

„Der König will Hermes einen Stier opfern, um ihn

milde zu stimmen. Dann will er eine Brücke bauen lassen", antwortete Koinos mit vollem Mund.

„Eine Brücke?", fragte Timokrates entgeistert.

„Ja, oder glaubst du, dass ein Mann wie Alexander vor dem Wasser kapituliert?"

„Aber der Brückenbau dauert doch ewig!"

Koinos wischte sich über die Lippen und schüttelte den Kopf, dass die Wassertropfen nur so aus seinen Haaren flogen. „Nicht bei unseren Handwerkern. Kommt mit ans Wasser. Dann seht ihr es!"

Am Wadi waren einige hundert Zimmerleute schon im Einsatz. Ein Teil von ihnen fällte Bäume, ein anderer sägte die Stämme längs durch und höhlte sie aus. So entstanden nach und nach primitive, kleine Boote.

Gegen Abend wurde der erste Kahn zu Wasser gelassen und am Ufer fest vertäut. Dann kam das nächste Boot, das mit dem ersten durch starke Seile verbunden wurde. Damit die Boote nicht von der Strömung fortgerissen wurden, ließen die Männer von jedem Bug zusätzlich Weidenkörbe ins Wasser rauschen, die mit schweren Steinen gefüllt waren. Und langsam, ganz langsam wuchs eine Brücke in das Wadi hinein.

„Wenn das letzte Boot befestigt ist, werden die Handwerker dicke Bohlen auf die Kähne legen", erklärte

Koinos den staunenden Kindern. „Dann ist die Brücke fertig, und der ganze Tross kann darüber rollen. Die Arbeiten werden sich bis tief in die Nacht hinziehen. Aber morgen Früh werden wir, wenn uns die Götter wohl gesinnt sind, dieses Gewässer überqueren."

Während die Zimmerleute weiterschufteten, befahl Alexander, dass sich alle anderen bis zur Morgendämmerung ausruhen sollten.

Schweigend und müde aßen Kallippe, Timokrates und ihre Eltern Ziegenkäse, Oliven und vom Regen durchweichtes Brot. Ihr klammes Zelt stand in unmittelbarer Nähe des Wadis.

Es regnete immer noch in Strömen. Nach dem kargen Mahl erklärte Philippos seinem Sohn, dass man mit aufgebrühtem Oregano Asthma und andere Erkrankungen der Atemwege behandeln könne. Wie immer machte sich der Junge Notizen. Doch Philippos' Unterricht fiel an diesem Abend kurz aus, denn Neaira forderte, dass das Licht der Öllampe früh gelöscht wurde.

Unruhig wälzte sich Timokrates auf seiner Matte hin und her. Er konnte nicht einschlafen. Von den Arbeiten am Wadi hörte man nichts mehr. Entweder waren sie wirklich schon abgeschlossen, oder aber der Wind trug die Geräusche fort. Dann hörte Timokrates plötzlich etwas, das ihn nicht zur Ruhe kommen ließ. Er lag auf dem Rücken und starrte in die Dunkelheit. Was war das gewesen? Es hatte wie ein Pfiff geklungen. War es ein Signal? Waren der unheimliche Kerl mit dem Namen *Auge* und seine Männer ganz in der Nähe? „Nein", sagte sich Timokrates. „Die Wachen rund um das Lager werden schon aufpassen."

Timokrates schloss die Augen und versuchte, endlich einzuschlafen. Doch es war hoffnungslos. Denn erneut ließ ihn ein Geräusch auffahren. Und diesmal war sich der Junge sicher. Vom Wadi war ein Pfiff gekommen. *Das Auge* und seine Männer! Timokrates sprang auf. Vielleicht waren die Wachen im Gegensatz zu ihm eingeschlafen oder überwältigt worden?

„Wo willst du hin?", flüsterte in diesem Moment

seine Schwester. Timokrates stöhnte, legte einen Finger auf die Lippen und deutete zum Zeltausgang. Kallippe verstand und folgte dem Bruder nach draußen. Es regnete noch immer.

„Ich habe verdächtige Dinge gehört und wollte mal nachsehen", sagte Timokrates.

„Woher kamen die Geräusche?" Kallippe sah ihren Bruder erwartungsvoll an.

„Von der Brücke." Schnell stapften beide durch den Matsch zum Wadi. Soweit sie es in der Dunkelheit erkennen konnten, hatte die Brücke den Wassermassen bisher gut standgehalten. Einer der Wachposten schickte sie aber bald wieder zurück ins Zelt.

„Da ist nichts", meinte Kallippe und gähnte. „Also schlaf jetzt endlich, beim Zeus." Ihr Bruder versuchte es erneut – und diesmal gelang es ihm sogar, obwohl ihn das ungute Gefühl beschlich, dass sie etwas übersehen hatten.

Am nächsten Morgen regnete es immer noch, und die Stimmung war daher sehr schlecht. Schnell packte die Familie ihre Habseligkeiten zusammen.

Draußen herrschte schon allgemeine Aufbruchstimmung. Kurz darauf gab Alexander das Signal zum Weiterziehen.

Timokrates, den das dumpfe Gefühl quälte, dass mit der Brücke etwas nicht stimmte, stand direkt am Wadi und betrachtete die Brücke bei Tageslicht.

„Stopp!", rief er plötzlich entsetzt. „Niemand darf auf die Brücke!"

? *Was hat Timokrates entdeckt?*

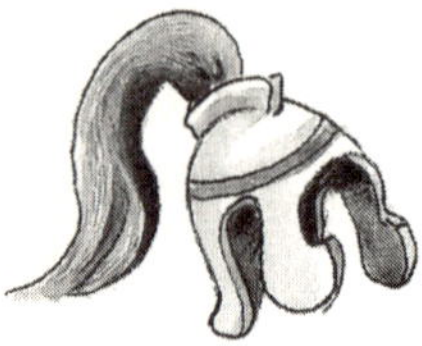

Die Entführung

Im letzten Moment konnte Timokrates verhindern, dass die Reiter auf die Brücke galoppierten. An mehreren Stellen hatten Saboteure die Seile so manipuliert, dass sie bei Belastung durchgerissen wären.

„Was für ein feiger Plan!“, zischte Philippos wütend. „Beinahe wären ein paar hundert Leute von der Brücke in die Fluten gerissen worden und womöglich alle ertrunken! Ich danke Zeus, dass du so gut aufgepasst hast, Timokrates!“

„Ich habe heute Nacht Geräusche gehört, aber niemanden gesehen. Doch wie konnten sie nur unbemerkt bleiben?“ Timokrates schüttelte den Kopf.

Nachdenklich strich sich Philippos durch den Bart. „Hm, der Anschlag trägt wieder ganz die Handschrift von diesem *Auge*, wenn ihr mich fragt. Wir werden noch vorsichtiger sein müssen. Der König hat schon angeordnet, dass die Wachen erneut verdoppelt werden.“

Timokrates, Kallippe und ihre Eltern beobachteten, wie die Zimmerleute mit den Reparaturarbeiten begannen. Eine Stunde später war die Brücke wieder voll belastbar. Tross und Heer wälzten sich wie ein endloser Wurm darüber hinweg. Im langsam dahinrumpelnden Wagen redeten die Geschwister über *das Auge*.

„Ich habe das Gefühl, dass er uns immer einen Schritt voraus ist", meinte Timokrates bedrückt.

„Ja", stimmte ihm Kallippe zu. „Außerdem kann man ihn nicht fassen. Der Kerl hat kein Gesicht. Er taucht kurz auf, richtet großen Schaden an und verschwindet spurlos. Als würde es ihn gar nicht geben. Ganz schön unheimlich."

Timokrates ballte die Hände zu Fäusten. „So kann es nicht weitergehen. Wir müssten jetzt einmal *das Auge* überraschen – und nicht immer er uns."

„Und wie willst du das machen?", fragte Kallippe leicht spöttisch. „Ihm eine Falle stellen?"

Timokrates hob die Schultern. „Ich weiß es nicht, beim Ares. Aber irgendetwas müssen wir doch tun!“

Gegen Mittag legte der Tross eine Rast ein. Inzwischen war die Sonne hervorgekommen, und die Geschwister nutzten die Gelegenheit, draußen herumzutoben. Vor allem Kallippe ging die öde Herumsitzerei auf dem Karren gehörig auf die Nerven. Beide sonderten sich ein wenig vom Wagen ab und begannen, mit einem Ball zu spielen. In diesem Moment kamen Koinos und ein paar Männer auf ihren Pferden vorbei. Die Kinder winkten dem Taxiarchen zu, und der Trupp hielt an.

„Wir werden vorausreiten und den Weg auskundschaften“, sagte er. „Unser König will keine Überraschungen mehr erleben.“

Kallippe sah den stolzen Krieger in seiner glänzenden Rüstung begeistert und ein wenig neidisch an. „Ich will mitreiten!“, platzte es aus ihr heraus.

Koinos schüttelte den Kopf. „Tut mir Leid, Kleine. Dein Vater würde mir garantiert den Kopf abreißen, wenn ich dich mitnähme."

Enttäuscht sah Kallippe zu Boden. Es war immer dasselbe: Mädchen traute man einfach viel zu wenig zu!

„Dann möchte wenigstens ich dabei sein!", bat Timokrates.

„Lass den Jungen doch", sagte einer seiner Männer. „Vielleicht machen wir aus Timokrates einen guten Kundschafter."

„Das sagst du so leicht. Wenn es schief geht, bin ich verantwortlich – und nicht du", brummte der Taxiarch. „Wir müssen Philippos fragen, ob er es Timokrates erlaubt."

„Nicht nötig, bei mir hätte er bestimmt nichts dagegen", flunkerte Timokrates. Das stimmte natürlich überhaupt nicht, aber Koinos musste ja nicht unbedingt alles wissen.

Schließlich gab sich Koinos geschlagen. „Na gut, wir wollen nicht noch mehr Zeit verlieren. Holt ein Pferd für den Jungen."

Timokrates konnte es nicht glauben. Er war fürchterlich aufgeregt, als er auf den Rücken des Pferdes kletterte. „Sei nicht traurig", rief er seiner Schwester

zu. „Wir sind bestimmt gleich zurück. Und ich werde dir alles ganz genau erzählen!"

Enttäuscht musste Kallippe mit ansehen, wie der Trupp im donnernden Galopp über eine alte Handelsstraße auf eine Hügelkette zuritt. Timokrates' mulmiges Gefühl war wie weggeblasen. Jetzt fühlte er sich stark und mutig – wie ein richtiger Kundschafter im Auftrag von Alexander dem Großen. Zufrieden musterte er die Landschaft um sich herum. Nichts Verdächtiges war zu sehen. Nachdem sie eine Weile geritten waren, tauchte vor ihnen ein Wasserloch auf, und Koinos gab den Befehl, dort die Pferde zu tränken. Verschwitzt und glücklich stieg Timokrates ab und führte sein Pferd zum Wasser.

Da fiel ihm etwas im sandigen Boden auf – Spuren von anderen Pferden! Es musste jemand hier gewesen sein, und zwar vor noch nicht allzu langer Zeit. Timokrates drehte sich um, weil er Koinos alarmieren wollte. In diesem Moment wurde er jedoch zu Boden geworfen. Ein Mann setzte sich auf ihn, und Timokrates spürte einen Dolch an seinem Hals.

„Rühr dich nicht, sonst trittst du die Reise zum Hades an, kleiner Makedone!", zischte der Angreifer. Aus den

Augenwinkeln registrierte Timokrates, dass Koinos und seine Männer in einen Kampf verwickelt waren. Offenbar hatte die Gruppe hinter einem der kleinen Hügel gelauert. Koinos und die anderen hatten keine Chance – die Angreifer waren in der Übermacht. Wenig später lagen Alexanders Soldaten gefesselt auf dem Boden.

„Da wird sich *das Auge* aber freuen", lachte der Mann, der Timokrates überwältigt hatte. Er befahl dem Jungen aufzustehen und fesselte ihn. Dann trieben er und seine Männer sie alle in die Hügellandschaft hinein.

Vorsichtig sah Timokrates zu Koinos hinüber. Der einst so stolze Offizier trottete mit hängendem Kopf voran. Der Anblick ließ Timokrates verzweifeln. Bis zu diesem Zeitpunkt hatte der Junge den Taxiarchen immer für unbesiegbar gehalten.

Nach einem kurzen Fußmarsch erreichte die Gruppe eine Höhle, die in der Nähe eines kleinen Waldes lag. Die Entführer nahmen ihren Opfern die Fesseln ab, stießen die Gefangenen in die Höhle und rollten mit vereinten Kräften vor den Eingang einen schweren Stein, der diesen bis auf einen schmalen Spalt verschloss.

„Was habt ihr mit uns vor?", wollte Koinos wissen.

„Das erfährst du früh genug!", blaffte ihn einer der Männer durch den Spalt an. *„Dem Auge* wird schon etwas einfallen! Er wird gleich hier sein." Koinos und seine Männer versuchten, den Stein zu bewegen, aber es war sinnlos. Timokrates kauerte sich vor den Spalt und spähte hinaus. Er wollte unbedingt wissen, wer der unheimliche Anführer der Feinde war.

Doch er hatte Pech. Zwar hörte er, wie jemand heranritt, aber er konnte nicht sehen, wer es war. Dann wurden Stimmen laut. Timokrates lauschte angestrengt. Und was er da hörte, ließ nichts Gutes verheißen: *Das Auge* plante, Alexanders Streitmacht und den riesigen Tross in einen Hinterhalt zu locken, wo sie von den Truppen des Perserkönigs Darius besiegt werden konnten. Timokrates' Herz raste. Er musste den König unbedingt warnen! Doch er war hinter diesem verfluchten Stein eingesperrt.

Hilfe suchend blickte der Junge zu Koinos, aber der zuckte nur ergeben mit den Schultern. Timokrates war allerdings nicht bereit, einfach aufzugeben. Er musste etwas unternehmen! Wieder spähte er durch den Spalt. Noch immer konnte er *das Auge* nicht sehen, aber dafür geriet Koinos' Pferd in sein Blickfeld. Es war unmittelbar vor dem Höhleneingang angebunden worden. Auf einmal hatte Timokrates eine kühne Idee.

„Koinos“, sagte er im Flüsterton. „Würde dein Pferd zum Lager zurückfinden und eine Botschaft überbringen?“

Der Taxiarch sah überrascht aus. „Ja, bestimmt – wenn man es losbinden könnte.“

„Gut“, sagte Timokrates, zog unter dem Himation sein Schreibzeug hervor und notierte etwas.

„Was soll denn das heißen?“, fragte Koinos, der dem Jungen über die Schulter schaute.

„Geheimschrift“, erklärte Timokrates. „Für den Fall, dass die Botschaft abgefangen wird.“ Dann lockte er das Pferd zum Höhleneingang und warf einen kurzen Blick durch den Spalt. Niemand beobachtete das Tier, das neugierig am Stein schnupperte. Rasch zwängte Timokrates einen Arm durch den Spalt, redete auf das Pferd ein und steckte das Papyrus-Stück unter das Zaumzeug. Mit dem kleinen Messer, das er zum Anspitzen seiner Schreibfeder stets dabeihatte, durchschnitt er das Seil, mit dem das Pferd angebunden worden war. Zuerst geschah gar nichts. Als aber einer der Feinde plötzlich laut lachte, zuckte das Pferd und galoppierte tatsächlich davon. Wütende Rufe wurden laut, aber keiner der Entführer hielt es für nötig, das

Tier einzufangen. Für Timokrates und die anderen begann eine Zeit des Wartens.

Inzwischen hatte sich Alexanders Tross wieder in Bewegung gesetzt. Als Timokrates bis zum Aufbruch nicht wieder aufgetaucht war, hatte Kallippe ihren Eltern beichten müssen, dass ihr Bruder mit den Spähern losgeritten war. Philippos und Neaira waren außer sich vor Wut und machten sich große Sorgen. Kallippe war völlig verzweifelt. Immerhin hatte sie die Idee gehabt, die Reiter zu begleiten, und Timokrates damit auf denselben Gedanken gebracht. Kallippe starrte zu den Hügeln und begann zu weinen.

Auf einmal sah sie ein reiterloses Pferd, das mit wehender Mähne herangaloppierte. Als es nah genug war, erkannte Kallippe, dass es Koinos' Ross war. Mühelos ließ sich das Tier einfangen und zu dem Wagen führen. Und während ihre Eltern voller Angst rätselten, was Koinos und vor allem Timokrates passiert sein könnte, entdeckte Kallippe das Stück Papyrus. Aufgeregt zeigte sie ihren Eltern den Fund.

„dnis ni renie elhöh ma ees sad egua tläh snu negnafeg setarkomit", murmelte Philippos. „Aus diesem Gekritzel werde ich nicht schlau."

Kallippe sah sich die Zeilen wieder und wieder an. Und plötzlich wusste sie, wie die Botschaft lautete.

Was hat Kallippe entziffert?

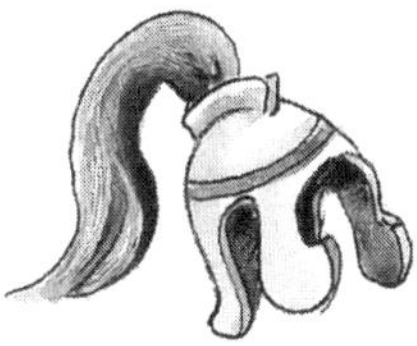

Der Hirte

„Das hast du gut gemacht, Kallippe!“, lobte Philippos. „Und jetzt müssen wir so schnell wie möglich den König alarmieren. Er soll seine besten Männer aussenden, um Timokrates und die anderen zu befreien!“

Bestürzt hörte sich Alexander der Große die schlechten Nachrichten an. Sofort war er bereit, einen Trupp unter der Leitung eines erfahrenen Taxiarchen loszuschicken.

„Wir werden diesen feigen Kerl mit dem Namen *Auge* jetzt endlich zur Strecke bringen!“, rief er entschlossen. Auf sein Kommando versammelten sich hundert schwer bewaffnete Reiter. Philippos bestand darauf mitzureiten.

„Dann komme ich auch mit! Schließlich habe ich die Botschaft entschlüsselt“, rief Kallippe. Sie war fest entschlossen, sich nicht noch einmal abweisen zu lassen. Philippos sah in das schmale, trotzige Gesicht seiner Tochter und wusste in diesem Moment, dass jeder Widerspruch sinnlos war. Außerdem hatte er wieder einmal keine Zeit für Diskussionen. Seufzend zog er das Mädchen auf sein Pferd. Kallippe setzte sich hin-

ter ihren Vater und schlang die Arme um ihn. Und schon galoppierte der Trupp davon.

Kallippe hatte sich immer gewünscht, einmal in einer gefährlichen Mission unterwegs zu sein. In ihren Tagträumen hatten die Abenteuer immer ein gutes Ende genommen. Aber jetzt war das etwas anderes. Sie hatten es mit *dem Auge* zu tun, und ihr Bruder war in Lebensgefahr. Kallippe war aufgeregt und ängstlich zugleich. Und sie betete zu Zeus, dass Timokrates noch lebte.

Das Gelände stieg an – der Trupp hatte die ersten Hügel erreicht. Nun folgten die Soldaten einem Bach und gelangten bald zum See. Der Taxiarch hob die Hand und ließ seine Männer absitzen. Dann suchten sie das Seeufer ab und stießen schnell auf Spuren eines

Kampfes. Von dort führten gut sichtbare Fußspuren weiter in die Hügel hinein.

Alexanders Krieger nahmen die Verfolgung auf, schlichen durch ein Waldstück und sahen wenig später den mit einem Stein verdeckten Höhleneingang. Der Taxiarch befahl, in Deckung zu gehen und die Lage erst einmal zu sondieren. Schnell wurde klar, dass die Zahl der Feinde überschaubar war. Es mochten etwa zwanzig sein, die ein provisorisches Lager errichtet hatten. Einige der Männer schliefen, andere spielten mit Würfeln. Wachen hatten sie nicht aufgestellt. Offenbar fühlten sie sich sehr sicher.

Auf ein Zeichen des Taxiarchen teilten sich Alexanders Soldaten in zwei Gruppen und rückten im Schutz der Bäume zangenförmig vor. Philippos und Kallippe blieben zurück und beobachteten, wie Alexanders Männer die Feinde einkreisten.

„Meinst du, einer von diesen Kerlen ist *das Auge*?“, fragte Kallippe.

„Das werden wir vermutlich gleich wissen“, antwortete Philippos. „Schau, der Taxiarch gibt das Zeichen zum Angriff!“

Die Attacke kam für die Gegner völlig überraschend. Während einige von ihnen sofort zu fliehen versuchten, zückten andere die Waffen. Pfeile schwirrten, und

Dolche blitzten. Kallippe schloss die Augen und hielt sich die Ohren zu.

Nur wenige Minuten später legte Philippos seine Hand auf ihre Schulter. „Es ist vorbei“, sagte er. Das Mädchen wagte es, die Augen zu öffnen, und sah, dass Alexanders Männer einige der Gegner gefangen genommen hatten. Jetzt wurde der Stein vor dem Eingang der Höhle zur Seite gewuchtet. Kallippes Herz machte einen Sprung, als sie Timokrates, Koinos und die anderen sah. Mit Philippos rannte sie zu ihrem Bruder und fiel ihm um den Hals.

„Gut, dass ihr uns so schnell gefunden habt!“, rief Timokrates erleichtert.

„Da kannst du dich bei Kallippe bedanken“, sagte Philippos. „Und mach so etwas nie wieder!“ Er versuchte, streng zu klingen, aber es gelang ihm nicht. Der Arzt war einfach zu glücklich, dass Timokrates am Leben war.

Koinos strahlte. „Ja, das war wirklich großartig von dir, Kallippe. Und natürlich auch von meinem Pferd!"

Doch dann wurde er wieder ernst. „Habt ihr auch *das Auge* geschnappt?", fragte er den anderen Taxiarchen mit einem Blick auf die Gefangenen.

Der Offizier hob die Schultern. „Keine Ahnung! Ich weiß nicht, wie der Kerl aussieht. Und leider sind einige Feinde entkommen."

Die Gefangenen wurden verhört. Es stellte sich aber bald heraus, dass *dem Auge* die Flucht geglückt war.

„Das wird dem König nicht gefallen", seufzte Koinos.

Der andere Offizier lachte dröhnend. „Du bist wieder ganz der Alte, Koinos! Sei doch froh, dass wir dich und die anderen hier herausgeholt haben."

„Das ist aber nur ein halber Erfolg", brummte Koinos. „Wir müssen das Auge endlich schnappen! Und vorher bin ich nicht zufrieden."

Auf dem Rückweg zum Tross berichtete Timokrates haarklein von den Ereignissen der letzten Stunden und dem Plan der Feinde. Während Philippos zuhörte, wurden die Sorgenfalten auf seiner Stirn immer größer.

Unterwegs kam ihnen ein Reiter entgegen, der keine Rüstung trug. „Ihr seid Männer von König Alexander, nicht wahr?“, fragte er.

Koinos sah den Mann misstrauisch an und nickte.

„Dann habe ich eine gute Nachricht für euch“, sagte der Bote. „Auf dem Weg nach Gaza gibt es eine Abkürzung. Sie führt durch eine Schlucht. Ihr werdet zwei, wenn nicht sogar drei Tage Zeit sparen.“

„Zeit sparen ist immer gut, wenn man mit rund 50 000 Menschen unterwegs ist. Denn das spart auch Proviant und Drachmen“, meinte Koinos, der dem Mann nicht über den Weg traute. „Aber jetzt sag mir erst mal, warum du uns helfen willst, beim Ares!“

Der Reiter verneigte sich. „Ich gehöre zu einem Stamm der Phöniker. Wir sind Hirten und leben in diesen Hügeln und Bergen. Deshalb kennen wir uns hier gut aus. Da wir den großen Alexander verehren, wollen wir euch helfen.“

Koinos rieb seinen Bart. Dann ließ er sich den Weg zur Schlucht erklären und schickte den Boten fort.

„Das sollten wir uns sicherheitshalber vorher einmal anschauen“, meine Koinos, während er sein Pferd wendete. Unter seiner Leitung ritt der Trupp zur Schlucht. Steil ragten die Wände rechts und links des Weges auf. Der Pfad wurde immer schmaler, und bald sagte niemand mehr ein Wort. Alle waren angespannt und schauten immer wieder nach oben. Doch es blieb friedlich. Am Ende der Schlucht erreichten sie ein grünes Tal, durch das ein Bach plätscherte.

„Sieht wirklich gut aus“, sagte Philippos zu seinen Kindern. „Fast ein bisschen zu gut ...“

Koinos ließ sich von einem der Kundschafter eine Landkarte geben. Diese richtete er nach dem Stand der Sonne aus und brütete eine Zeit lang darüber.

„Ja“, sagte Koinos schließlich. „Der Hirte hat Recht. Das ist wirklich eine große Abkürzung, beim Hermes.

Das wird dem König gefallen. Lasst uns zurückreiten und den Tross hierher leiten!“

Auf dem Rückweg besserte sich die Stimmung. Timokrates und Kallippe machten jede Menge Blödsinn. Außerdem freuten sie sich auf das gute Essen ihrer Mutter. Vor allem Timokrates verspürte großen Hunger.

Sobald sie die Schlucht wieder verlassen hatten, warf Timokrates noch einen Blick zurück. Es war wirklich alles völlig friedlich, stellte der Junge fest. Koinos und sein Vater waren einfach zu misstrauisch. Mit dieser Abkürzung würden sie viel Zeit sparen. „Der König wird bestimmt zufrieden sein“, dachte Timokrates. Als er sich gerade wieder umdrehen wollte, entdeckte er etwas, was seinen Puls dramatisch beschleunigte.

? *Was hat Timokrates gesehen?*

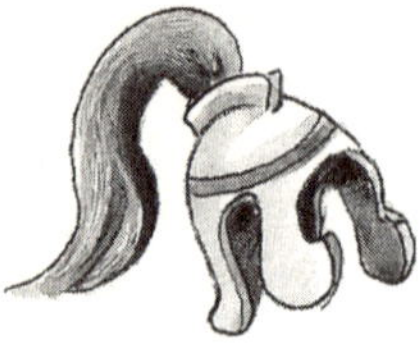

Im Reich der Fledermäuse

„Bei Zeus!“, rief Koinos entsetzt. „Wir wären alle in eine tödliche Falle gelaufen! Da steckt bestimmt wieder *das Auge* dahinter!“

„Ja“, stimmte Philippos ihm zu. „Die Feinde hätten vermutlich gewartet, bis Tross und Heer in der Schlucht gewesen wären, und hätten dann die Steine herabfallen lassen. Gut, dass du das entdeckt hast, Timokrates!“

Wütend ballte Koinos die Fäuste. „Dieser hinterhältige Hirte! Wenn ich den in die Finger kriege!“ Er deutete auf die Schlucht. „Auf! Lasst uns die feigen Kerle schnappen!“ Und schon hatte der Taxiarch sein Pferd gewendet und ritt mit seinen Männern zurück zur Schlucht.

Philippos zögerte. Es war bestimmt ganz schön riskant, die Kinder bei der Verfolgung des Gegners dabeizuhaben. Aber ohne Schutz der Soldaten zum Tross zurückzureiten, war zweifellos auch nicht ungefährlich. Timokrates war gerade erst überfallen und entführt worden ... Der Arzt spürte die fragenden Blicke seiner Kinder.

„Na gut“, sagte Philippos entschlossen. „Folgen wir Koinos. Aber bleibt dicht hinter mir!“ Sie ritten den

Berg hinauf und sahen bald in die tiefe Schlucht hinunter.

Von den Feinden war weit und breit nichts zu sehen. Der Taxiarch ließ das Gelände durchsuchen.

„Ich kann nichts Verdächtiges entdecken!", sagte Kallippe, die ihren Blick fest auf den Boden geheftet hatte.

„Ich auch nicht", rief Koinos zurück. „Sieht ganz so aus, als hätten sich die Kerle hier irgendwo versteckt!"

„Hier! Kommt alle mal her!", rief Timokrates in diesem Moment aufgeregt. Er hatte Abdrücke im Boden entdeckt, die zu einer Höhle führten. „Womöglich sind sie da jetzt noch drinnen!"

Koinos eilte herbei und zog sein Schwert. „Falls ja, dann werden wir sie nun rausholen!“ Der Eingang war nicht mehr als eine zwei Meter hohe Spalte im Gestein. Einer nach dem anderen ging durch sie hindurch ins Innere. Dann standen sie in einem großen, sehr hohen Raum.

Es war angenehm kühl und still – wie in einem Tempel. Kallippe und Timokrates blieben dicht bei ihrem Vater. Sobald sich ihre Augen an das schwache Licht gewöhnt hatten, erkannten die Kinder, dass hier ein Lager in aller Eile verlassen worden war. Plötzlich rief Koinos: „Hier führt ein Weg tiefer in den Berg hinein!“ Im hinteren Teil der Höhle hatte der Taxiarch einen engen Durchlass entdeckt. Koinos zwängte sich hindurch, dann folgten ihm seine Männer und schließlich Philippos.

„Los, ihr beiden!“, rief er seinen Kindern zu. Gleich darauf war er schon im Durchlass verschwunden.

Timokrates stolperte plötzlich über einen Stein und fiel hin. Schnell rappelte er sich wieder auf und lief zu Kallippe, die am Eingang des Tunnels auf ihn wartete.

„Man sieht ja kaum noch seine eigene Hand vor Augen“, sagte sie, als beide den düsteren Gang betraten, von dessen Decke Wasser tropfte. Die Kinder tasteten sich den Wänden entlang. Plötzlich stießen sie an ein Hindernis und merkten, dass sie an eine Gabelung gekommen waren.

„Bleib bloß bei mir", sagte Timokrates zu seiner Schwester. Dann rief er: „Vater, wo bist du?"

„Hier", hallte es.

„Das kam von links, glaube ich", sagte Kallippe.

„Nein, von rechts", widersprach Timokrates.

„Am besten, wir gehen wieder zurück. Ich habe Angst, mich hier zu verlaufen", meinte Kallippe. Timokrates überlegte einen Moment. Er war sich sicher, dass die Stimme von rechts gekommen war. Was aber, wenn er sich getäuscht hatte? Was, wenn er seine Schwester in die Irre führte, vielleicht sogar in die Hände des Feindes?

„Gut", sagte er. „Gehen wir zurück." Die Kinder drehten um und liefen den Weg zurück.

Nach einer Weile meinte Kallippe unsicher: „Eigentlich hätten wir die große Halle im Eingangsbereich der Höhle doch längst erreichen müssen, oder?"

Auch Timokrates hatte das ungute Gefühl, dass sie schon viel zu lange unterwegs waren.

„Bestimmt sind wir gleich da", antwortete er, aber es klang nicht sehr überzeugend. Schweigend tasteten sie sich weiter voran. Der Gang war schmal und niedrig, und immer wieder stießen die Kinder irgendwo an. Die nasse Kälte kroch an ihnen hoch.

„Es ist so kalt und dunkel", dachte Timokrates. „Wie in einem Grab." Panik stieg in ihm auf. Noch einmal rief er nach seinem Vater, erhielt aber keine Antwort. Er hörte nur den Widerhall seiner Worte. Und spätestens jetzt war es offensichtlich: Sie hatten sich in diesem kalten, dunklen Berg verlaufen. Anscheinend waren sie irgendwo falsch abgebogen. Und jetzt standen sie hier, gefangen im Berg. Timokrates hätte heulen können vor Wut! Doch das würde ihnen auch nicht weiterhelfen. Der Ausgang konnte doch gar nicht so weit weg sein!

Plötzlich streifte etwas seinen Kopf. Er duckte sich instinktiv, aber dann berührte ihn auch an den Beinen und Armen etwas. Kallippe schrie entsetzt auf, und auch Timokrates hatte das Gefühl, gleich durchzudrehen. Doch dann ahnte er, was um sie herumflatterte.

„Bleib ruhig!“, rief er Kallippe zu. „Das sind nur Fledermäuse. Die tun uns nichts!“

„Ist mir egal!“, wimmerte sie. „Die Viecher machen mir Angst! Außerdem krabbelt etwas an meinen Füßen. Ich will hier endlich raus!“

Auf einmal spürte auch Timokrates, wie etwas an seinen Füßen hochkrabbelte. Es fühlte sich nach vielen schnellen Beinchen an! Er machte einen Satz zur Seite und versuchte, seine Atmung zu kontrollieren. „Sind das etwa Spinnen?“ In diesem Moment spürte er einen leichten Luftzug.

„Das könnte ein Ausgang sein!", dachte Timokrates und zog Kallippe in diese Richtung. Der Luftzug wurde stärker, und ein dünner Streifen Licht fiel in den Gang. Hier gab es keine Fledermäuse mehr.

„Gleich haben wir es geschafft", beruhigte Timokrates seine Schwester. Erleichtert stellte er fest, dass der Gang breiter wurde und schließlich in einer kleineren Halle mündete. An einer der Wände war in etwa drei Meter Höhe eine Öffnung, die den Blick auf ein Fleckchen blauen Himmel freigab.

„Da klettern wir rauf, und schon sind wird draußen!", rief Timokrates glücklich. Als er den ersten Felsen erklimmen wollte, hörte er ein Surren. Dann schlug etwas neben seiner Hüfte ins Gestein. Reflexartig ließ sich der Junge fallen und sprang hinter einen großen Stein.

„Runter!", schrie er seine Schwester an. Gerade noch rechtzeitig suchte auch Kallippe Deckung. Noch drei weitere Geschosse flogen dicht über ihre Köpfe hinweg. Im Dämmerlicht sah Timokrates, dass eines direkt vor seine Füße rollte, nachdem es an der Wand abgeprallt war.

„Sieh nur, das ist wieder einer dieser Bolzen", wisperte Timokrates aufgeregt. Kallippe nickte und deutete in die Richtung, aus der die Bolzen abgefeuert worden waren. Eine Gestalt rannte in den rückwärtigen Teil der Höhle – genau in den Gang, aus dem die Kinder gekommen waren.

„Hast du sein Gesicht erkannt?“, flüsterte Kallippe.

Timokrates verneinte. In diesem Moment stieß der Fliehende mit dem Kopf gegen die niedrige Höhlendecke und fluchte: „Bei den Klumpfüßen des Hephaistos!“

Die Kinder warteten, bis der unheimliche Schütze verschwunden war. Dann wagten sie sich aus ihrer Deckung, und Timokrates begann, die Bolzen einzusammeln. Er wollte sie unbedingt seinem Vater und Koinos zeigen. Mit der Beute unter dem Himation kletterte er die Felsen hinauf.

„Was ist, willst du hier festwachsen?“, rief er seiner Schwester zu, als er bemerkte, dass sie ihm nicht folgte.

„Nein, ich komme ja schon“, erwiderte sie nachdenklich. „Ich habe da nur so einen Gedanken …“

„Dann denk ihn weiter, wenn wir aus dieser verfluchten Höhle heraus sind!“, rief Timokrates.

Kallippe kletterte die Felswand hoch und hatte ihren Bruder rasch eingeholt. Kurz darauf krochen sie durch die Öffnung ins Freie und standen auf einem kleinen Plateau oberhalb der Schlucht. Ein Stück unter ihnen weideten friedlich ihre Pferde. Erleichtert sahen sich die Geschwister an.

„Vater, Koinos und die anderen haben sich hoffentlich nicht auch verlaufen“, sagte Timokrates.

„Lass uns vor der Höhle auf sie warten“, entgegnete Kallippe. Dann sagte sie lächelnd: „Ich bin mir jetzt ziemlich sicher, dass wir unserem König Alexander den Namen eines weiteren Täters nennen können!“

„Wie bitte?“, fragte Timokrates entgeistert.

„Wart's nur ab!“, rief Kallippe und begann, die Felswand zu den Pferden hinunterzuklettern.

? *Wen meint Kallippe?*

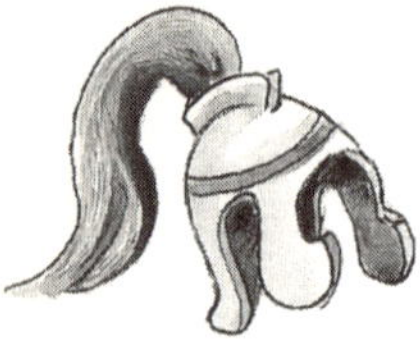

Die Geheimwaffe

Kallippe ließ ihren Bruder noch ein wenig zappeln und ergötzte sich an seiner Neugier. Dann endlich weihte sie ihn ein.

„Medias“, flüsterte Timokrates fassungslos. „Das hätte ich nie gedacht, beim Zeus!“

„Ich auch nicht“, seufzte Kallippe. „Und mich würde es nicht wundern, wenn er sogar *das Auge* wäre! Ich fürchte nur, dass er alles abstreiten wird.“

„Das lass dann mal meine Sorge sein“, meinte Timokrates listig.

Endlich tauchten Philippos, Koinos und die anderen Soldaten auf. Ihre Jagd im Höhlenlabyrinth war ebenso erfolglos gewesen. Die Männer fielen aus allen Wolken, als sie von Kallippes Verdächtigung hörten.

„Auf der einen Seite wäre ich froh, wenn wir den Mann schnappen würden, der für alle Anschläge der letzten Tage verantwortlich ist“, sagte Koinos dumpf. „Auf der anderen Seite hoffe ich, dass es nicht Medias ist. Ein Verräter in den eigenen Reihen ...“ Der Taxiarch schwang sich auf sein Pferd. „Wir werden Medias verhören müssen. Folgt mir!“

In der Abenddämmerung ritt der Trupp zurück. Es

wurde kaum ein Wort gewechselt. Alle hingen ihren Gedanken nach. Kallippe hatte ein wenig Angst, Medias zu Unrecht zu verdächtigen – sie wusste, welche Strafe auf Verrat stand. Medias' Ausruf hatte ihn verraten, so fluchte nur er! Er wollte sie töten! Bei diesem Gedanken erfasste Kallippe eine kalte Wut.

Bald hatten sie den Heereszug erreicht. Als Erstes ritt Koinos zum König, der den Zug wie üblich anführte, und berichtete von Kallippes Entdeckung. Alexander hob die Hand und gab damit das Zeichen zum Halten. Dann stieg er von seinem stolzen Pferd Bukephalos. Kallippe, Timokrates und ihr Vater hielten sich respektvoll im Hintergrund.

„Was sagst du da, Koinos?", fragte der König. „Medias soll der Mann gewesen sein, der unseren Tross in einen tödlichen Hinterhalt locken wollte?"

Koinos nickte stumm.

„Und dabei verlässt du dich auf die Aussage von Kindern?"

Erneut nickte Koinos.

„Wer sind diese Kinder, Koinos?", fragte der

König harsch. Das war der Moment, in dem die Geschwister vortraten. Kallippe berichtete stockend von ihren Beobachtungen in der Höhle. Dabei hatte sie das Gefühl, unter dem strengen Blick des Königs immer kleiner zu werden. Als sie alles erzählt hatte, war es einen Moment lang totenstill. Dann brüllte der König: „Bringt Medias her!"

Kurze Zeit später erschien der Gesuchte. Er hatte seine Kithara auf den Rücken geschnallt. Ehrfürchtig verbeugte sich der Sänger und Späher vor dem König.

„Wo hast du gesteckt?", fragte Alexander.

„Ich habe die Flanke unseres Zuges gesichert, mein König", antwortete Medias unterwürfig.

„Du bist allein geritten, nehme ich an?"

„So ist es."

„Also gibt es keine Zeugen dafür?"

Medias lächelte irritiert. „Brauche ich Zeugen, mein König?“

„Stelle keine Gegenfragen!“, befahl der König. „Diese Kinder behaupten, dass du den Tross in eine Falle locken wolltest. Eine Schlucht sollte unser aller Grab werden!“

„Eine Schlucht? Gibt es hier denn eine?“

„Schon wieder eine Gegenfrage!“, rief der König. „Reize mich nicht zu sehr! Außerdem beschuldigen dich die Kinder, dass du sie in einer Höhle angegriffen hast.“

Medias sah überrascht aus. „Die Kinder meines Freundes Philippos?“ Er wandte sich an Kallippe und Timokrates. „Wie kommt ihr denn darauf? Mir scheint, ihr habt zu viel Fantasie!“

Timokrates zog unter seinem Himation die Bolzen hervor, die er in der Höhle eingesammelt hatte. „Du hast mit dieser ungewöhnlichen Munition auf uns geschossen“, sagte er selbstbewusst und ruhig. Nun wurde Medias plötzlich bleich. Das entging auch dem König nicht.

„Durchsuch Medias“, befahl der König seinem Offizier Koinos. Der gehorchte und fand bei Medias weitere Bolzen. Koinos verglich sie mit denen, die Timokrates gefunden hatte.

„Sie stimmen überein!", rief Koinos.

Medias war noch blasser geworden. „Ja", sagte er leise. „Es stimmt. Ich habe die Bolzen abgeschossen."

„Elender Verräter!", schrie Koinos.

„Ruhe!", befahl der König. „Womit kann man solche Bolzen abschießen?"

Der Musiker nahm die Kithara von seinem Rücken. Er legte einen Bolzen an die unterste Saite und spannte diese. „Das funktioniert wie Pfeil und Bogen", sagte Medias.

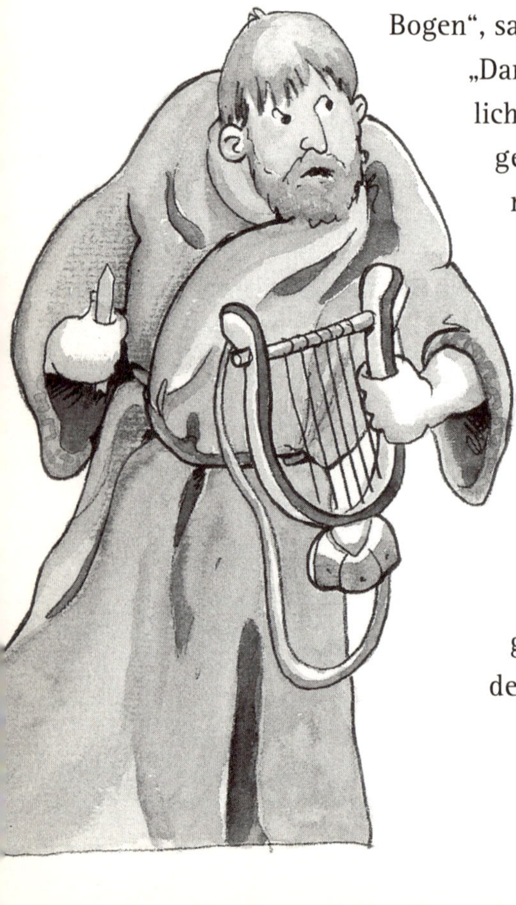

„Dann steckst du also wirklich hinter allen Anschlägen der letzten Tage", meinte der König. „Du bist *das Auge*!"

„Ja", gab Medias zu. Offenbar hatte er eingesehen, dass ihm alles Leugnen nichts mehr nützte. „Ich arbeite im Auftrag von Darius, dem Perserkönig. Meine Aufgabe war es, dich und dein Heer durch viele

Störaktionen zu entmutigen und vielleicht sogar zu stoppen. Ich befehlige eine Einheit von Söldnern. Im *Gasthaus zum wilden Stier* hatten wir ein Waffenlager und einen geheimen Treffpunkt. Dort vergifteten wir auch den Wein. Doch leider haben die Kinder ja dafür gesorgt, dass der Treffpunkt entdeckt wurde. Und sie waren es auch, die verhinderten, dass eure Brücke über den Fluss nicht einstürzte!" Medias' Augen wurden schmal. „Wir wollten einen möglichst großen Teil des Trosses vernichten. Tja, und dann der Plan mit der Schlucht. Darius' Truppen lagen schon in der Nähe bereit. In dem Engpass hätten sie dich und dein Heer vernichtet, Alexander!"

Der König sah ihn verächtlich an. „Was war der Lohn für den Verrat, Medias?"

Der Mann mit der Kithara sah an ihm vorbei. „Der Lohn? Darius wollte mir Gold geben. Und dann hätte ich eine Musikschule gegründet und mich nie wieder als Späher verdingen müssen. Auch die Unverschämtheiten von Männern wie Koinos wären mir dann erspart geblieben."

Koinos sah Medias voller Verachtung an.

Dieser blickte zu Philippos und fuhr fort: „Deine Kinder haben mir dann auch in der Schlucht einen Strich durch die Rechnung gemacht. Du hast kluge

Kinder, Philippos. Dummerweise stehen sie auf der falschen Seite."

Kallippe und Timokrates sahen sich an. Mit einem Mal waren sie mächtig stolz.

„Nein, die Kinder stehen auf der richtigen Seite", sagte ihr Vater. „Du bist es, der auf der falschen steht!" Und dann strich er Kallippe und Timokrates über die Köpfe. Denn auch er war sehr, sehr stolz.

Lösungen

Das Auge
Das Puzzle ergibt: *Gasthaus zum wilden Stier*

In letzter Minute
Timokrates meint die einzige Pelike, die nicht verschlossen ist.

Im Wein liegt die Wahrheit
Stephanos floh zum Hafen.

Leinen los!
Stephanos trägt ein Kettchen mit einem Auge, dem Erkennungszeichen der Söldner.

In der Morgendämmerung
Sitalkes verriet sich, als er sagte, dass er weder Pfeil noch Bogen besitze. Es war aber gar nicht die Rede davon, dass der Überfall mit diesen Waffen verübt wurde.

Gefahr am Fluss
Timokrates hat entdeckt, dass einige Seile an der Brücke angeschnitten wurden.

Die Entführung
Rückwärts gelesen lautet die Botschaft: „sind in einer höhle am see das auge hält uns gefangen timokrates"

Der Hirte
Timokrates hat oben am Rand der Schlucht große Steine entdeckt, die mit Hebeln auf den Tross gestürzt werden können.

Im Reich der Fledermäuse
Kallippe meint Medias. Der Sänger verriet sich in der Höhle durch seinen nicht alltäglichen Fluch „Bei den Klumpfüßen des Hephaistos!".

Glossar

Amphore: Tongefäß zum Lagern von Wein oder Öl
Aphrodite: griechische Göttin der Liebe
Ares: griechischer Kriegsgott
Asklepios: griechischer Gott der Heilkunde (römisch: Äskulap). Sein von einer Schlange umwundener Stab ist das Zeichen der Ärzte (Äskulapstab).
Chiton: gegürteter Leibrock, mit oder ohne Ärmel
Darius: Perserkönig, größter Widersacher von Alexander
Drachmen: griechische Münzen
Dionysos: Sohn des Zeus, Gott des Weins, der Sinnesfreuden und der Künste
Hades: Gott der Toten, Herrscher über die Unterwelt
Hephaistos: missgestalteter und arglistiger Sohn von Zeus. Gott des Feuers und der Schmiedekunst
Hermes: Götterbote, Gott des Handels, Beschützer der Reisenden
Himation: einfacher, rechteckiger Überwurf. Es wurde über eine Schulter gelegt und um die Hüfte geschlungen, wobei der rechte Arm frei blieb.
Hippokrates: griechischer Arzt, etwa 460 bis 377 v. Chr.; Begründer der wissenschaftlichen Medizin und Diagnose sowie der Leitlinie, der sich junge Ärzte durch den hippokratischen Eid noch heute verpflichten müssen: nur dem Patienten dienen und ihm keinen Schaden zufügen
Hoplit: schwer bewaffneter Fußkämpfer

Kithara: große Leier aus Holz
Kitharistes: Musiklehrer
Kredemnon: Kopftuch
Kylix: schalenförmiges Trinkgefäß
Makedonien: heute zumeist Mazedonien (Hauptstadt: Skopje), nördlich des heutigen Griechenlands. In der Antike von den Makedonen besiedelt, einem mit den Griechen verwandten Stamm
Melqart: Gott der Stadt Tyros
Oinochoe: Weinkanne mit einem Henkel
Paidotribes: Sportlehrer
Pelike: bauchiger Vorrats- und Transportbehälter für Getränke oder Öl mit zwei Henkeln
Phönikien: in der Bibel bekannt als Kanaan; Landstrich an der Ostküste des Mittelmeeres, der heute weit gehend auf dem Gebiet des Libanon liegt
Somatophylakes (Einzahl: Somatophylax): Leibwächter
Sophist: Lehrer für Philosophie, Staatslehre und Rhetorik
Symposion: Gastmahl, Gelage
Taxiarch: Offizier
Triere: griechisches Kriegsschiff mit drei Ruderbänken
Tyros: bedeutende Hafen- und Handelsstadt in Phönikien
Wadi: ausgetrocknetes Bett eines Flusses, das nur nach heftigen Regenfällen Wasser führt
Zeus: höchster Gott der Griechen, Herr über Blitz und Donner und Hüter der Gesetze. Oft wird er als bärtiger Mann dargestellt, der in seiner rechten Hand sein Symbol – den Blitz – hält.

Zeittafel

356 v. Chr.	Alexander der Große wird in Pella (Makedonien) geboren.
336 v. Chr.	Alexanders Vater Philipp wird im Theater ermordet. Alexander erbt das Königreich Makedonien und die Oberherrschaft über Griechenland.
335 v. Chr.	Niederschlagung des griechischen Aufstands, Unterwerfung der Städte Theben, Athen, Peloponnes
334 v. Chr.	Siegreicher Heereszug nach Kleinasien
Nov. 333 v. Chr.	Sieg bei Issos über Perserkönig Darius. Alexander marschiert in Phönikien ein.
Aug. 332 v. Chr.	Alexander erobert Tyros.
332 v. Chr.	Eroberung Syriens und Ägyptens
331 v. Chr.	Alexander besiegt am 1. Oktober Perserkönig Darius bei Gaugamela. Darius flieht, und Alexander wird zum König von Asien ausgerufen. Einzug in Babylon und Susa. Der persische Goldschatz wird erbeutet.
330–327 v. Chr.	Alexander gründet viele Städte im Osten des früheren Perserreiches.
326 v. Chr.	Alexander marschiert in Indien ein und erobert Punjab. Seine Armee weigert sich, weiter vorzustoßen.
323 v. Chr.	Alexander stirbt am 13. Juni im Alter von 33 Jahren in Babylon an Fieber.

Alexander der Große und seine Zeit

Alexander, der Eroberer

Nach dem Tod seines Vaters Philipp im Jahr 336 v. Chr. erbte Alexander nicht nur das Königreich Makedonien, sondern auch eine Menge Schulden. Als Alexander König wurde, war er gerade einmal zwanzig Jahre alt. Da er von der Statur her auch eher klein war, hielten ihn seine Feinde nicht für einen ernst zu nehmenden Gegner. Aber sie unterschätzten den ehrgeizigen jungen Mann gewaltig. Denn Alexander hielt am Plan seines Vaters fest – er wollte die Griechen vereinen und die Perser unter deren König Darius besiegen. Und jetzt, da die Makedonen einen Großteil Griechenlands beherrschten, sah Alexander seine Stunde gekommen. Es gelang ihm, aus Makedonen und Griechen ein Heer von rund 25 000 schwer bewaffneten Hopliten zusammenzustellen. 334 v. Chr. marschierte Alexander in Kleinasien ein und besiegte die Perser am Fluss Granikos. Dann stieß er nach Phönikien vor und plante, die Stadt Tyros zu erobern. Sie galt wegen ihrer Insellage als uneinnehmbar. Doch Alexander ließ sich davon nicht abschrecken, sondern befahl seinem Heer, einen Damm zu errichten, der nach sechsmonatiger Arbeit die Insel mit dem Festland verband. Parallel wurden die beiden Häfen der Stadt blockiert, um die Bewohner auszuhungern. Dann ließ Alexander gewaltige Holztürme bauen, die gezogen und geschoben werden konnten und etwa einen Meter höher als die Stadtmauern waren. Hundert Krieger fanden auf den Türmen Platz. Unter dem Pfeilhagel der Verteidiger wurden die Türme über den Deich an die Stadtmauern geschoben. Gleichzeitig griff Alexanders Heer mit Rammböcken und Katapulten an und konnte schließlich Tyros erobern. Nach diesem Sieg nahm Alexander Ägypten ein und vertrieb die Perser. Anschließend zog es ihn Richtung Osten – zum Zentrum der persischen Landstreitmächte. Bei Gaugamela in der Nähe des Flusses Tigris kämpfte er im Jahr 331 v. Chr. darum, die Herrschaft über das Perserreich zu gewinnen. Sein Gegner, König Darius, hatte ein weitaus größeres Heer – doch Alexander war nicht aufzuhalten und ging siegreich aus der Schlacht hervor. Nun war er Herrscher über Asien, doch das war ihm noch nicht genug: Er wollte auch Indien erobern. Seine Männer besiegten 326 v. Chr. ein indisches Heer unter König Poros, obwohl die Gegner die gefürchtete Spezialwaffe – Kriegselefanten – besaßen. Die Verluste waren auf beiden Seiten sehr hoch. Und nun reichte es Alexanders Soldaten: Nach zehn Jahren Krieg wollten sie nicht mehr weiterziehen. Wohl oder übel unterwarf sich Alexander diesem „Mehrheitsbeschluss“, auch wenn er sich verraten fühlte. In drei Abteilungen brachen die Truppen zu Lande und zu Wasser in Richtung Heimat auf. Nur ein Viertel des Heeres erreichte Makedonien lebend. Auch Alexander überstand die Strapazen nicht. Am 13. Juni des Jahres 323 v. Chr. starb er an Fieber. Gleich nach seinem Tod begann ein Kampf um die Macht, und die Generäle Alexanders teilten das Reich unter sich auf.

Alexanders Heer

Alexander befehligte rund 25 000 Fußsoldaten und 5 000 Reiter. Unterstützt wurde das Heer von einer Flotte, die aus 160 Schiffen bestand. Die Führung einer solchen gewaltigen Streitmacht über Jahre hinweg gilt als eine einzigartige Meisterleistung. Denn hinter dem Heer folgten schwere Katapulte und andere Belagerungsgeräte, Proviantwagen, Ersatzpferde und Lasttiere. Danach kamen Pferdeknechte, Diener, Köche, Handwerker, Meldeläufer, Träger, Schrittzähler, Pagen,

Ärzte („Allgemeinmediziner" wie Philippos, Chirurgen und Zahnärzte), Priester, Seher, Baumeister, Techniker, Finanzbeamte, Schreiber und Proviantmeister. In bequemen Wagen saßen die Literaten, Dichter, Philosophen, Historiker, Schauspieler, Musiker und Tänzer. Oft zogen ihre Frauen und Kinder mit dem Heer.

Um diesen gewaltigen Heereszug zu kontrollieren, war eine exakte und straffe Organisation nötig. Dabei konnte sich Alexander auf die zur damaligen Zeit am besten ausgebildete und diszipliniertеste Armee der Welt verlassen: das Heer, das er von seinem Vater übernommen hatte. Allerdings setzte der junge König ein paar Änderungen durch, die seine Truppe so erfolgreich werden ließ: Alexander versechsfachte die Zahl der Reiter, nahm nur noch einen Knecht für zehn Krieger mit, gab den Offizieren keine Wagen mehr und beschränkte das Essen auf Oliven, Feigen, Brot und Käse. Es war eine enorme Leistung, während des Marsches alle zu verpflegen: Pro Tag wurden allein 80 000 Kilo Getreide benötigt, um alle einigermaßen satt zu bekommen!

Das Weltreich
Alexanders des Großen
bis 323 v. Chr.
Schwarzes Meer
MAKEDONIEN
Pella
THRAKIEN
Theben
GRIECHEN-
LAND
Athen
KLEINASIEN
ARMENIEN
Issos
Gaugamela
KRETA
Mittelmeer
ZYPERN
PHÖNIKIEN
SYRIEN
Tyros
Babylon
BABYLONIEN
Rotes Meer
ARABIEN

von Alexander abhängige Staaten
Grenze des Reichs
Kaspisches Meer
PARTHIEN
Susa
Persischer Golf
INDIEN

TATORT
GESCHICHTE

Historische Ratekrimis

Geschichte erleben und verstehen!

Loewe